中国家庭农场：
政策与案例

韩　俊　主　编

赵　阳　副主编

中国农业出版社
农村读物出版社
北　京

图书在版编目（CIP）数据

中国家庭农场：政策与案例 / 韩俊主编 . —北京：
中国农业出版社，2020.5（2024.10 重印）
ISBN 978 - 7 - 109 - 24976 - 9

Ⅰ.①中… Ⅱ.①韩… Ⅲ.①家庭农场－农业政策－
研究－中国 Ⅳ.①F324.1

中国版本图书馆 CIP 数据核字（2018）第 269180 号

中国农业出版社出版
地址：北京市朝阳区麦子店街 18 号楼
邮编：100125
责任编辑：刘明昌　潘洪洋
版式设计：杜　然　　责任校对：周丽芳
印刷：中农印务有限公司
版次：2020 年 5 月第 1 版
印次：2024 年 10 月北京第 7 次印刷
发行：新华书店北京发行所
开本：787mm×1092mm　1/16
印张：9.75
字数：160 千字
定价：65.00 元

FOREWORD 前言

　　党中央、国务院高度重视家庭农场发展。习近平总书记在主持中共中央政治局第八次集体学习和参加 2019 年全国"两会"河南代表团审议时，明确提出要突出抓好家庭农场和农民合作社两类农业经营主体发展。为贯彻落实习近平总书记重要指示精神和党中央、国务院决策部署，树立一批可看可学的家庭农场榜样，促进全国家庭农场高质量发展，2019 年农业农村部组织各省区市开展家庭农场典型案例征集活动，通过广泛征集、实地调研、专家论证、严格筛选等环节，共择优征集推介了 26 个第一批全国家庭农场典型案例。

　　总的看，这 26 个典型案例分布于不同产业，创办主体呈现多元化，兼顾了不同区域特别是贫困地区，代表了我国现阶段家庭农场发展的特点。**在产业类型方面**，种植业、养殖业、种养结合分别有 9 个、3 个和 14 个。其中，9 个种植业家庭农场经营种类涵盖水稻、小麦、玉米等主要粮食作物和瓜果、蔬菜等经济作物；3 个养殖业家庭农场以传统的畜禽养殖为主，1 个养鸡，2 个养猪；14 个种养结合家庭农场大体上可分为两类，一类是余粮用作饲料、粪便用作肥料的节约成本型，如种粮同时养猪养羊；另一类是动植物共生的增加效益型，如种稻同时养虾养鳖。**在创办主体方面**，多数由普通农户发展而来，体现了家庭农场"以家庭成员为主要劳动力"的本质特征，其中有 15 个家庭农场由农民工、退伍军人、大学生返乡创办。**在区域分布方面**，来自东、中、西部地区的案例分别是 8 个、8 个和 10 个，其中 4 个案例选自贫困地区，有效兼顾了不同地区家庭农场发展模式的总结。

　　这些家庭农场都具有贴近小农户的特点，符合规模适度、生产集约、管理先进、效益明显的要求；普遍以市场需求为导向，优化种养结构，采用现代科技，积极完善内部管理机制和拓宽产品销售渠道，逐步实现了农场经营规模适度化、管理规范化、生产标准化、经营市场化，取得了积极成效。具体看，主要有以下8个方面共性经验，值得参考借鉴。

一是围绕市场需求开展生产经营。这些家庭农场立足当地特色和市场需求，通过采集和运用市场信息，有针对性地开展生产经营活动，实现生产与大市场的有效对接。如，天津禹道家庭农场虽然种植面积只有15亩，但根据客户的需求定制各种蔬菜，实行订单式销售经营模式，成为"小而精农场"的代表。青海宝丰家庭农场与省农科院、西北高原生物研究所等科研机构签订订单，按需种植的蚕豆、黑大麦全部被回收。安徽稼农家庭农场与当地米业公司合作，严格按照公司指定的品种种植，产品由公司包销，稻谷收购价比同期市场价格高0.2～0.4元/千克。江西金稻家庭农场顺应市场对高端大米的需求，调整种植品种，经济效益明显。河南王飞家庭农场依托靠近城区和采摘体验需求大的优势，改变过去单一蔬菜大棚形式，通过搭配果树大棚、露地种养、生态育苗等多种生产模式，形成了以生态休闲农业为主的综合农场。

二是因地制宜实现最佳规模效益。家庭农场经营规模与产业选择息息相关，必须与当地的"人地"关系相适应、与经营者的能力水平相挂钩。同时，最佳经营规模的确定不是一蹴而就的，也不是一劳永逸的，而是经过选择、对比与调适，循序渐进逐步形成并不断变化的。如，甘肃顺天家庭农场规模最大时达640亩、最小时260亩，目前根据自身经营管理能力，稳定在370亩。山东向阳花家庭农场460亩的经营规模既保证了人工、机械等成本在可承受范围内，又有较好的规模效益。重庆昌元家庭农场在长期稳定流转土地64亩的基础上，又根据每年的市场行情与农户协商流转价格，动态调整总体种植规模。甘肃辉旭养殖家庭农场始终把蛋鸡养殖规模控制在2万只左右，有效控制了经营风险。贵州玉龙家庭农场由夫妻二人经营，生猪年出栏量坚持控制在1600～1700头。山东农大家庭农场根据自身劳动力情况，在实践中不断摸索生产经营的最佳规模，将土地面积稳定在230亩，以实现在规模化生产的同时进行精细化管理。

三是注重现代农业科技运用。这些家庭农场既能较好传承传统精细农艺，又持续不断引进现代农业科技，形成与家庭经营相适应的实用技术。如，四川鸿发家庭农场以高薪聘请一名高级畜牧师，专门负责农场管理和技术。广东禾菜园家庭农场与市、区、镇农业技术人员合作共建平台，设立了农田小气候监测点，对水稻进行实时监测。安徽稼农家庭农场从江苏农科院引进优质高效水稻品种，当年每亩水稻净增效益 200 多元，且全部符合国家 A 级绿色食品标准。河北国奇农兴家庭农场与河北农大、河北农科院建立长期合作关系，定期聘请专家到农场进行生产经营指导。陕西四娃圆梦家庭农场在农机农艺结合上刻苦钻研，对购置的新型实用农机具进行改造改良，将压膜、播种、施肥和打药实现一体化运行，提高了生产效率和产出效益。四川稻香坛种养殖家庭农场始终坚持走科技兴农之路，依据多年的稻虾养殖经验，自主研发田间防逃装置、专用运输装置、投食系统等实用新型技术，获得 18 项国家专利。吉林张全家庭农场购置全套农业机械、制定系列生产标准、运用现代信息技术，实现了水稻生产的全程机械化、标准化和可视化。

四是走绿色发展之路。这些家庭农场在发展中具有采用生态绿色友好型技术、实施保护性耕作的内生动力。如，安徽稼农家庭农场始终秉持种地与养地相结合的绿色种植理念，每年都要在不同的地块取土，送土肥站检测，并采取稻肥三年循环轮作的方式养地保地。河南王飞家庭农场在经营过程中，坚持绿色种植理念，采用蔬菜、果树套作实现立体种植，采用适度的轮作、轮休实现土地可持续利用。内蒙古白海林家庭农牧场以养定种，采取"种饲草—养牛羊—粪还田"的循环经营模式，增加了地力，肥壮了牛羊。甘肃顺天家庭农场邀请专家到田间地头进行技术指导，采用农作物测土配方施肥、农作物病虫害绿色防控、看苗施肥看苗浇水等一系列环境友好型新技术。青海宝丰家庭农场利用禾本科的小麦、黑大麦和豆科的蚕豆、豌豆进行轮作倒茬，有效防止作物病虫草害，保护了生态环境。江苏如花家庭农场将废弃采石宕口改造成集生产与休闲观光为一体的"花园农场"，提高农场可持续发展能力。

五是生产管理制度比较健全。这些家庭农场生产经营规范，注重农产品质量安全，在内部管理上优势明显。如，湖南孔蒲中家庭农场将质量要求贯穿于生产各个环节，按照绿色食品生产标准制定了严格的质量管理制度和生产操作规程。辽宁明宇家庭农场不断规范生产标准和管理制度，建立完整的财务收支记录和投入品采购、使用记录，不断探索适合家庭农场发展的科学种植方式和规范管理模式。四川鸿发家庭农场参照企业管理要求，建立健全财务管理制度，加强成本效益核算，有效提升了家庭农场的经营管理水平。山西全胜家庭农场探索建立了岗位责任制度、标准化生产制度、财务管理制度、雇佣工管理制度、学习培训制度等规章制度，农场规范化、科学化管理水平不断提升。

六是重视一二三产业融合发展。这些家庭农场既注重传统农业生产经营，又充分发挥农业多功能性，走一二三产业融合发展道路，不断提升农业多元效益。如，重庆昌元家庭农场购置了大米加工设备，开展稻米加工销售，亩均收益比直接出售稻谷提高了 30% 以上。吉林绿野家源家庭农场培育和塑造自己的品牌——"颜家农场"，开设直营店，同时进行网络销售，农场生产的产品供不应求。河北国奇农兴家庭农场结合种植优势和市场需求，充分利用所在地区紧邻省会的城郊优势，尝试发展"农耕体验"。广东禾莱园家庭农场在注重生产的同时，融入旅游休闲元素，举办亲子收割、农耕知识普及等活动，并开展农家乐、科普体验。新疆盛世桃源家庭农场利用城郊区位优势，以林果种植为依托，开发休闲农业项目，引来游客络绎不绝，推动农场效益不断提高。

七是注重与其他新型农业经营主体和服务主体相互协作。这些家庭农场与农民合作社、龙头企业、社会化服务组织等其他主体之间不再是传统"依附"关系，而是共同利益缔造者。基于订单与合同，家庭农场不仅与企业、合作社、服务组织等构成了紧密的利益共同体，还有效带动了普通农户参与产业化经营，在产业链中发挥了承上启下的关键作用。如，上海李春风家庭农场与本村 4 户家庭农场建立农机互助小组，为本村 1500 余亩土地提供农机服务；牵头创办了合作社，还与松江本地农业龙头企业签约，以高于市场收购价销售优质稻谷。新疆盛世桃源家庭农场采用股权分配机制进行融资，破解发展难题，既有外来资金和周边农户土地入股，也有联营形式，抱团取暖，增强了农场抗御风险的能力。重庆洪家大院家庭农场领办了涪陵区万丰果蔬专业合作社，联合村内其他农户一起团购生产资料，创立农产品品牌。

八是发挥服务带动普通农户作用。典型家庭农场在自身得到快速发展的同时，积极服务当地农户。如，河南王飞家庭农场通过"家庭农场＋土地流转＋贫困户务农＋脱贫技能培训"扶贫方式，优先流转贫困户土地，优先签订用工协议，为贫困户免费培训指导，帮助协调贷款，有效带动了贫困户脱贫。山东农大家庭农场针对2017年多地小麦条锈病大面积爆发，组织15架无人机参与防治攻坚，不收取服务费用。重庆洪家大院家庭农场为15个建档立卡贫困户提供季节性就业岗位。湖南孔蒲中家庭农场辐射带动周边农户发展稻田综合种养100余户，接待来农场参观培训学习的人数已经超过1万人次。四川鸿发家庭农场培训周边养殖户500余人次，接待参观学习300余人次，带动70户农户进行规模化标准化生猪养殖，同时吸引43户精准识别贫困户以215万元扶贫资金通过保底分红形式入股农场，2018年分红15.05万元，户均分红3 500元。

从这些典型案例的实践看，家庭农场在保障重要农产品有效供给、提高农业综合效益、促进现代农业发展以及丰富双层经营体制新内涵等方面具有重要作用。但从实际看，我国家庭农场仍处于起步发展阶段，发展质量不高、带动能力不强，还面临政策体系不健全、管理制度不规范、服务体系不完善等问题，迫切需要加大工作力度，强化支持举措，促进家庭农场实现高质量发展。基于此，我们将2019年召开的促进家庭农场和农民合作社高质量发展工作推进会和11部门和单位印发的《关于实施家庭农场培育计划的指导意见》等有关材料一并编入，供读者参考。

值本书正式出版之际，我们对参与家庭农场典型案例编写工作的所有领导、专家、各地农业农村部门的同行以及相关家庭农场经营者表示衷心的感谢。由于水平有限，书中难免有疏漏和错误之处，敬请读者批评指正。

编　者

2019年12月

CONTENTS 目录

政策篇

胡春华强调大力促进家庭农场和农民合作社高质量发展

2019 年 9 月 27 日

　　新华社石家庄 9 月 27 日电　促进家庭农场和农民合作社高质量发展工作推进会 27 日在河北省邢台市召开。中共中央政治局委员、国务院副总理胡春华出席会议并讲话。他强调，要深入贯彻习近平总书记重要指示精神，落实李克强总理批示要求，加大对家庭农场和农民合作社扶持力度，增强发展活力和服务带动能力，为加快农业农村现代化提供有力支撑。

　　胡春华指出，当前我国农业生产正在发生历史性变化，家庭农场和农民合作社引领现代农业发展的作用日益凸显。要将家庭农场作为现代农业的主要经营方式，鼓励不同地区、不同产业探索多种发展路径，提高现代化管理水平和经营效益。要坚持农民合作社合作经济组织属性不动摇，引导农民按照产业发展需要成立合作社，支持延伸产业链条，拓展服务领域，服务带动更多农户推进农村一二三产业融合发展。要加强对小农户扶持，增强其适应和接纳现代农业的能力。要鼓励龙头企业、农业科技服务公司为农户提供各类专业化服务。

　　会议还对村庄规划工作做出部署。胡春华强调，村庄规划是实施乡村振兴战略的基础性工作。要扎实做好市县级村庄空间布局规划，科学编制好"多规合一"的实用性村庄规划。要坚持一次规划、从容建设，尊重村庄建设规律和风俗习惯，引导农民逐步建设美丽宜居家园。

关于实施家庭农场培育计划的指导意见

各省、自治区、直辖市人民政府，国务院各部委、各直属机构：

家庭农场以家庭成员为主要劳动力，以家庭为基本经营单元，从事农业规模化、标准化、集约化生产经营，是现代农业的主要经营方式。党的十八大以来，各地区各部门按照党中央、国务院决策部署，积极引导扶持农林牧渔等各类家庭农场发展，取得了初步成效，但家庭农场仍处于起步发展阶段，发展质量不高、带动能力不强，还面临政策体系不健全、管理制度不规范、服务体系不完善等问题。为贯彻落实习近平总书记重要指示精神，加快培育发展家庭农场，发挥好其在乡村振兴中的重要作用，经国务院同意，现就实施家庭农场培育计划提出以下意见。

一、总体要求

（一）**指导思想**。以习近平新时代中国特色社会主义思想为指导，全面贯彻党的十九大和十九届二中、三中全会精神，紧紧围绕统筹推进"五位一体"总体布局和协调推进"四个全面"战略布局，落实新发展理念，坚持高质量发展，以开展家庭农场示范创建为抓手，以建立健全指导服务机制为支撑，以完善政策支持体系为保障，实施家庭农场培育计划，按照"发展一批、规范一批、提升一批、推介一批"的思路，加快培育出一大批规模适度、生产集约、管理先进、效益明显的家庭农场，为促进乡村全面振兴、实现农业农村现代化夯实基础。

（二）基本原则。

坚持农户主体。坚持家庭经营在农村基本经营制度中的基础性地位，鼓励有长期稳定务农意愿的农户适度扩大经营规模，发展多种类型的家庭农场，开展多种形式合作与联合。

坚持规模适度。引导家庭农场根据产业特点和自身经营管理能力，实现最佳规模效益，防止片面追求土地等生产资料过度集中，防止"垒大户"。

坚持市场导向。遵循家庭农场发展规律，充分发挥市场在推动家庭农场发展中的决定性作用，加强政府对家庭农场的引导和支持。

坚持因地制宜。鼓励各地立足实际，确定发展重点，创新家庭农场发展思路，务求实效，不搞一刀切，不搞强迫命令。

坚持示范引领。发挥典型示范作用，以点带面，以示范促发展，总结推广不同类型家庭农场的示范典型，提升家庭农场发展质量。

（三）发展目标。到 2020 年，支持家庭农场发展的政策体系基本建立，管理制度更加健全，指导服务机制逐步完善，家庭农场数量稳步提升，经营管理更加规范，经营产业更加多元，发展模式更加多样。到 2022 年，支持家庭农场发展的政策体系和管理制度进一步完善，家庭农场生产经营能力和带动能力得到巩固提升。

二、完善登记和名录管理制度

（四）合理确定经营规模。各地要以县（市、区）为单位，综合考虑当地资源条件、行业特征、农产品品种特点等，引导本地区家庭农场适度规模经营，取得最佳规模效益。把符合条件的种养大户、专业大户纳入家庭农场范围。**（农业农村部牵头，林草局等参与）**

（五）优化登记注册服务。市场监管部门要加强指导，提供优质高效的登记注册服务，按照自愿原则依法开展家庭农场登记。建立市场监管部门与农业农村部门家庭农场数据信息共享机制。**（市场监管总局、农业农村部牵头）**

（六）健全家庭农场名录系统。完善家庭农场名录信息，把农林牧渔等各类家庭农场纳入名录并动态更新，逐步规范数据采集、示范评定、运行分析等工作，为指导家庭农场发展提供支持和服务。（**农业农村部牵头，林草局等参与**）

三、强化示范创建引领

（七）**加强示范家庭农场创建。**各地要按照"自愿申报、择优推荐、逐级审核、动态管理"的原则，健全工作机制，开展示范家庭农场创建，引导其在发展适度规模经营、应用先进技术、实施标准化生产、纵向延伸农业产业链价值链以及带动小农户发展等方面发挥示范作用。（**农业农村部牵头，林草局等参与**）

（八）**开展家庭农场示范县创建。**依托乡村振兴示范县、农业绿色发展先行区、现代农业示范区等，支持有条件的地方开展家庭农场示范县创建，探索系统推进家庭农场发展的政策体系和工作机制，促进家庭农场培育工作整县推进，整体提升家庭农场发展水平。（**农业农村部牵头，林草局等参与**）

（九）**强化典型引领带动。**及时总结推广各地培育家庭农场的好经验好模式，按照可学习、易推广、能复制的要求，树立一批家庭农场发展范例。鼓励各地结合实际发展种养结合、生态循环、机农一体、产业融合等多种模式和农林牧渔等多种类型的家庭农场。按照国家有关规定，对为家庭农场发展作出突出贡献的单位、个人进行表彰。（**农业农村部牵头，人力资源社会保障部、林草局等参与**）

（十）**鼓励各类人才创办家庭农场。**总结各地经验，鼓励乡村本土能人、有返乡创业意愿和回报家乡愿望的外出农民工、优秀农村生源大中专毕业生以及科技人员等人才创办家庭农场。实施青年农场主培养计划，对青年农场主进行重点培养和创业支持。（**农业农村部牵头，教育部、科技部、林草局等参与**）

（十一）**积极引导家庭农场发展合作经营。**积极引导家庭农场领办或加入农民合作社，开展统一生产经营。探索推广家庭农场与龙头企业、社会化服务组织的合作方式，创新利益联结机制。鼓励组建家庭农场协会或联盟。（**农业农村部牵头，林草局等参与**）

四、建立健全政策支持体系

（十二）**依法保障家庭农场土地经营权。**健全土地经营权流转服务体系，鼓励土地经营权有序向家庭农场流转。推广使用统一土地流转合同示范文本。健全县乡两级土地流转服务平台，做好政策咨询、信息发布、价格评估、合同签订等服务工作。健全纠纷调解仲裁体系，有效化解土地流转纠纷。依法保护土地流转双方权利，引导土地流转双方合理确定租金水平，稳定土地流转关系，有效防范家庭农场租地风险。家庭农场通过流转取得的土地经营权，经承包方书面同意并向发包方备案，可以向金融机构融资担保。（**农业农村部牵头，人民银行、银保监会、林草局等参与**）

（十三）**加强基础设施建设。**鼓励家庭农场参与粮食生产功能区、重要农产品生产保护区、特色农产品优势区和现代农业产业园建设。支持家庭农场开展农产品产地初加工、精深加工、主食加工和综合利用加工，自建或与其他农业经营主体共建集中育秧、仓储、烘干、晾晒以及保鲜库、冷链运输、农机库棚、畜禽养殖等农业设施，开展田头市场建设。支持家庭农场参与高标准农田建设，促进集中连片经营。（**农业农村部牵头，发展改革委、财政部、林草局等参与**）

（十四）**健全面向家庭农场的社会化服务。**公益性服务机构要把家庭农场作为重点，提供技术推广、质量检测检验、疫病防控等公益性服务。鼓励农业科研人员、农技推广人员通过技术培训、定向帮扶等方式，为家庭农场提供先进适用技术。支持各类社会化服务组织为家庭农场提供耕种防收等生产性服务。鼓励和支持供销合作社发挥自身组织优势，通过多种形式服务家庭农场。探索发展农业专业化人力资源中介服务组织，解决家庭农场临时性用工需求。（**农业农村部牵头，科技部、人力资源社会保障部、林草局、供销合作总社等参与**）

（十五）**健全家庭农场经营者培训制度。**国家和省级农业农村部门要编制培训规划，县级农业农村部门要制定培训计划，使家庭农场经营者至少每三年轮训一次。在农村实用人才带头人等相关涉农培训中加大对家庭农场经营者培训力度。支持各地依托涉农院校和科研院所、农业产业化龙头企业、各类农业科技和产业园区等，采取田间学校等形式开展培训。（**农业农村部牵头，教育部、林草局等参与**）

（十六）**强化用地保障。**利用规划和标准引导家庭农场发展设施农业。鼓励各地通过多种方式加大对家庭农场建设仓储、晾晒场、保鲜库、农机库棚等设施用地支持。坚决查处违法违规在耕地上进行非农建设的行为。（**自然资源部牵头，农业农村部等参与**）

（十七）**完善和落实财政税收政策。**鼓励有条件的地方通过现有渠道安排资金，采取以奖代补等方式，积极扶持家庭农场发展，扩大家庭农场受益面。支持符合条件的家庭农场作为项目申报和实施主体参与涉农项目建设。支持家庭农场开展绿色食品、有机食品、地理标志农产品认证和品牌建设。对符合条件的家庭农场给予农业用水精准补贴和节水奖励。家庭农场生产经营活动按照规定享受相应的农业和小微企业减免税收政策。（**财政部牵头，水利部、农业农村部、税务总局、林草局等参与**）

（十八）**加强金融保险服务。**鼓励金融机构针对家庭农场开发专门的信贷产品，在商业可持续的基础上优化贷款审批流程，合理确定贷款的额度、利率和期限，拓宽抵质押物范围。开展家庭农场信用等级评价工作，鼓励金融机构对资信良好、资金周转量大的家庭农场发放信用贷款。全国农业信贷担保体系要在加强风险防控的前提下，加快对家庭农场的业务覆盖，增强家庭农场贷款的可得性。继续实施农业大灾保险、三大粮食作物完全成本保险和收入保险试点，探索开展中央财政对地方特色优势农产品保险以奖代补政策试点，有效满足家庭农场的风险保障需求。鼓励开展家庭农场综合保险试点。（**人民银行、财政部、银保监会牵头，农业农村部、林草局等参与**）

（十九）**支持发展"互联网＋"家庭农场。**提升家庭农场经营者互联网应用水平，推动电子商务平台通过降低入驻和促销费用等方式，支持家庭农场发展农村电子商务。鼓励市场主体开发适用的数据产品，为家庭农场提供专业化、精准化的信息服务。鼓励发展互联网云农场等模式，帮助家庭农场合理安排生产计划、优化配置生产要素。（**商务部、农业农村部分别负责**）

（二十）**探索适合家庭农场的社会保障政策。**鼓励有条件的地方引导家庭农场经营者参加城镇职工社会保险。有条件的地方可开展对自愿退出土地承包经营权的老年农民给予养老补助试点。（**人力资源社会保障部、农业农村部分别负责**）

五、健全保障措施

（二十一）**加强组织领导。**地方各级政府要将促进家庭农场发展列入重要议事日程，制定本地区家庭农场培育计划并部署实施。县乡政府要积极采取措施，加强工作力量，及时解决家庭农场发展面临的困难和问题，确保各项政策落到实处。（**农业农村部牵头**）

（二十二）**强化部门协作。**县级以上地方政府要建立促进家庭农场发展的综合协调工作机制，加强部门配合，形成合力。农业农村部门要认真履行指导职责，牵头承担综合协调工作，会同财政部门统筹做好家庭农场财政支持政策；自然资源部门负责落实家庭农场设施用地等政策支持；市场监管部门负责在家庭农场注册登记、市场监管等方面提供支撑；金融部门负责在信贷、保险等方面提供政策支持；其他有关部门依据各自职责，加强对家庭农场支持和服务。（**各有关部门分别负责**）

（二十三）**加强宣传引导。**充分运用各类新闻媒体，加大力度宣传好发展家庭农场的重要意义和任务要求。密切跟踪家庭农场发展状况，宣传好家庭农场发展中出现的好典型、好案例以及各地发展家庭农场的好经验、好做法，为家庭农场发展营造良好社会舆论氛围。（**农业农村部牵头**）

（二十四）**推进家庭农场立法。**加强促进家庭农场发展的立法研究，加快家庭农场立法进程，为家庭农场发展提供法律保障。鼓励各地出台规范性文件或相关法规，推进家庭农场发展制度化和法制化。（**农业农村部牵头，司法部等参与**）

中央农村工作领导小组办公室	农业农村部	国家发展改革委
财政部	自然资源部	商务部
人民银行	市场监管总局	银保监会
全国供销合作总社	国家林草局	

2019 年 8 月 27 日

加快培育发展家庭农场
促进全国家庭农场高质量发展

赵　阳

党的十八大以来，各地区各部门按照党中央、国务院决策部署，积极引导扶持各类家庭农场发展，取得了很好成效。但总的来说，我国家庭农场仍处于起步阶段，发展质量不高、带动能力不强，还面临政策体系不健全、管理制度不规范、服务体系不完善等问题。为贯彻落实习近平总书记系列重要指示精神，加快培育发展家庭农场，促进全国家庭农场高质量发展，发挥好家庭农场在乡村振兴中的重要作用，我们举办此次培训班，主要目的是把握工作政策、交流有关情况、明确工作目标。刚才，6 位同志做了发言介绍，大家在家庭农场培育发展的各个方面都进行了不少探索实践，讲得都很好，听了很受启发，值得各地学习借鉴。下面，我讲六个方面的意见。

一、深入学习习近平总书记重要论述，贯彻落实促进家庭农场和农民合作社高质量发展工作推进会精神

党的十八大以来，习近平总书记多次作出重要指示，为家庭农场发展指明了方向。2013 年 11 月，习近平总书记《在山东考察工作结束时的讲话》中指出，"鼓励土地承包经营权在公开市场上向专业大户、家庭农场、农民合作社、农业企业有序流转"。2013 年 12 月，习近平总书记在《坚持和完善农村基本经营制度》中指出，"这些年，在创新农业经营体系方面，广大农民在实践中创造了多

种多样的新形式，如专业大户、家庭农场、专业合作、股份合作、农业产业化经营等"，"家庭承包、专业大户经营，家庭承包、家庭农场经营，家庭承包、集体经营，家庭承包、合作经营，家庭承包、企业经营，是农村基本经营制度新的实现形式"。2016 年 4 月，习近平总书记《在农村改革座谈会上的讲话》中指出，"加快构建新型农业经营体系，推动家庭经营、集体经营、合作经营、企业经营共同发展，提高农业经营集约化、规模化、组织化、社会化、产业化水平"。2018 年 9 月，习近平总书记《在十九届中央政治局第八次集体学习时的讲话》中指出，"当前和今后一个时期，要突出抓好农民合作社和家庭农场两类农业经营主体发展，赋予双层经营体制新的内涵，不断提高农业经营效率"。2019 年 3 月，习近平总书记在参加十三届全国人大二次会议河南代表团审议时的讲话中指出，"突出抓好家庭农场和农民合作社两类农业经营主体发展，支持小农户和现代农业发展有机衔接"。总书记关于家庭农场的系列重要论述，思想非常深刻、要求非常明确，我们要认真学习、深入贯彻，切实突出抓好家庭农场发展。

2019 年 9 月，促进家庭农场和农民合作社高质量发展工作推进会在河北邢台召开，胡春华副总理出席会议并作重要讲话。胡春华副总理强调，要深入贯彻习近平总书记重要指示精神，落实李克强总理批示要求，加大对家庭农场和农民合作社扶持力度，增强发展活力和服务带动能力，为加快农业农村现代化提供有力支撑。胡春华副总理指出，当前我国农业生产正在发生历史性变化，家庭农场和农民合作社引领现代农业发展的作用日益凸显。要将家庭农场作为现代农业的主要经营方式，鼓励不同地区、不同产业探索多种发展路径，提高现代化管理水平和经营效益。要坚持农民合作社合作经济组织属性不动摇，引导农民按照产业发展需要成立合作社，支持延伸产业链条，拓展服务领域，服务带动更多农户推进农村一二三产业融合发展。要加强对小农户扶持，增强其适应和接纳现代农业的能力。要鼓励龙头企业、农业科技服务公司为农户提供各类专业化服务。我们要迅速把思想认识统一到胡春华副总理讲话精神上来，贯彻落实好各项部署要求，谋划好本地区家庭农场发展。

二、加快培育发展家庭农场意义重大

2013 年中央 1 号文件提出发展家庭农场的政策措施以来，全国家庭农场进入快速发展阶段，生产经营规模化、标准化、集约化程度不断提高，经营效益稳步提升，适合了我国基本国情农情，符合了农业生产特点，契合了经济社会发展阶段，在保障重要农产品有效供给、提高农业综合效益、促进现代农业发展、推进乡村振兴等方面发挥了重要作用。

第一，加快培育发展家庭农场是巩固和完善农村基本经营制度、构建现代农业经营体系的必然要求。以家庭承包经营为基础、统分结合的双层经营体制是我国农村基本经营制度，这一制度是党在农村的政策基石，必须毫不动摇地予以坚持。习近平总书记指出，坚持农村基本经营制度，要坚持农村土地农民集体所有，坚持家庭经营基础性地位，坚持稳定土地承包关系。加快构建以农户家庭经营为基础、合作与联合为纽带、社会化服务为支撑的立体式复合型现代农业经营体系，是当前巩固和完善农村基本经营制度的重要方向。当前和今后一个时期，构建现代农业经营体系非常重要的一个方面就是要突出抓好农民合作社和家庭农场两类农业经营主体发展。家庭农场作为家庭经营的形式之一，在农村基本经营制度中，也处于基础性地位；在构建现代农业经营体系中，处于基础性地位。实施乡村振兴战略，巩固和完善农村基本经营制度，构建现代农业经营体系，必须充分发挥家庭农场的基础性作用，突出抓好农民合作社和家庭农场两类农业经营主体发展，赋予双层经营体制新的内涵。

第二，加快培育发展家庭农场是保障重要农产品有效供给、夯实农业发展基础的必然要求。当前，随着我国工业化、信息化、城镇化快速发展，大量农村人口进入城市，农村劳动力资源和土地资源不匹配的问题越来越突出，农业现代化依然是四化同步发展的短腿和短板。未来十几年、几十年谁来种地、谁来从事农业生产，如何夯实现代农业发展基础，已经成为一个摆在我们面前迫切需要解决的问题。正是在此背景下，家庭农场、农民合作社、农业产业化龙头企业、农业社会化服务组织等各类新型农业经营主体应运而生、快速发展，并取得显著成效。特别是家庭农场和农民合作社，根植于农户，与小农户站位一致、利益一致，代表着农户的利益，在带动小农户融入大市场方面发挥着越来越重要的作用。习近平总书记指出，"大国小农"是我国的基本国情农情，小规模家庭经营是农业的本源性制度。从现阶段来看，"人均一亩三分地，户均不过十亩田"，即使将来城镇化率达到70%以上，还有四五亿人在农村。当前和今后很长一个时期，小农户家庭经营将是我国农业的主要经营方式。创新农业经营体系，不能忽视了普通农户，而在承包农户基础上孕育出来的家庭农场，既保留了农户家庭经营的内核，能发挥家庭经营的独特优势，又能克服承包农户"小而全"的不足，具有旺盛的生命力。同时，家庭农场具有较高的专业化生产水平和商品农产品生产能力，是今后商品农产品特别是大宗农产品的主要提供者，能为重要农产品的有效供给提供坚强保障。

第三，加快培育发展家庭农场是提高农业综合效益、推动农业供给侧结构性改革的必然要求。40多年来，我国粮食产量从改革开放初期的3 000多亿千克，已经稳定增长到目前的6 500亿千克以上。习近平总书记指出，我国农业农村发展已进入新的历史阶段，农业的主要矛盾由总量不足转变为结构性矛盾，矛盾的主要方面在供给侧。当前，我国农产品供给是充分的，国家粮食安全是有保障的。人民群众对农产品消费的需求也从吃饱向吃好、吃得安全转变，这对我国农业高质量发展提出了更高要求。保障农产品质量安全是当前农业供给侧结构性改革和农业高质量发展的重要任务。与传统农户相比，家庭农场具备专业务农、集约生产、规模适度等特征，在综合考虑土地自然状况、家庭成员劳动能力、农业机械化水平、经营作物品种等因素的情况下，其生产规模与家庭成员的劳动生产能力相适应并保持相对稳定，能够具有较高的土地产出率、资源利用率和劳动生产率，可以使分散的土地、资金和劳动力等生产要素在较大范围和较高层面上有效结合，从而实现土地产出率与劳动生产率的最优配置，有利于实行统一生产资料供应、技术服务、质量标准和营销运作，有利于对农业投入品进行监管，推进农业标准化和品牌化建设，有利于提高农业综合效益，有效保障农产品质量安全，推动农业供给侧结构性改革。

第四，加快培育发展家庭农场是促进现代农业发展、推动一二三产业融合的必然要求。习近平总书记指出，土地流转和多种形式适度规模经营，是发展现代农业的必由之路，也是农村改革的基本方向，要把加快培育新型农业经营主体作为一项重大战略，鼓励发展、大力扶持。针对当前农业兼业化、农村空心化、农民老龄化等现实问题，迫切需要加快培育家庭农场等新型农业经营主体，积极优化农业资源要素，推进农村一二三产业融合，促进农业全产业链发展，提升农业的全价值链，从而夯实乡村全面振兴的产业基础。家庭农场等新型农业经营主体对市场反应灵敏，对新品种新技术新装备采用能力强，愿意践行绿色化生产、集约化经营，勇于从事新产业新业态新模式，是为农业农村注入新动能、保持新活力的重要源泉。特别是适度规模经营的家庭农场，能通过强化自身基础设施、提高农产品质量和供给效率，来提升农产品竞争力和农业效益，是破解小农经济瓶颈、增强现代农业发展后劲的有效途径，有巨大潜力可以挖掘。同时，家庭农场依靠多样化的种养模式，还可以一定程度缓解种植结构单一、种养不衔接、产业融合度低等问题，能有效推进种养结合，延长产业链，推动一二三产业融合发展，实现农业的互通互联，促进农业增效和农民增收。

三、加快培育发展家庭农场恰逢其时

近年来，各地各有关部门认真贯彻中央部署要求，积极作为、多措并举，推动我国家庭农场健康发展。下一步，加快培育发展家庭农场，无论是发展方向，还是具体路径，或者是支持政策，都有了很好的条件基础，可以总结为"六个有"。

第一，加快培育发展家庭农场，有成效、有榜样。

从发展成效看，一是全国家庭农场数量达到一定规模。截至 2018 年底，全国家庭农场 59 万多家，是 2014 年的 4 倍多，其中县级以上示范家庭农场 8.3 万家。安徽、四川、江苏、山东、湖北等省发展较快，特别是安徽家庭农场数量已经超过 10 万家。二是劳动力结构较合理。2018 年，家庭农场平均拥有劳动力 6.6 人，常年雇工 1.9 人。另据典型监测，农场主平均年龄 46 岁，54.9% 是初中及以上教育程度，80.2% 是本村户籍。三是经营耕地以租赁为主。2018 年，家庭农场经营土地面积 1.6 亿亩*，其中耕地 71.7% 靠租赁。从典型监测看，72.2% 的租赁期限是 5 年以上，租金约 500 元/亩。四是产业类型多元。2018 年，种植业、畜牧业、渔业和种养结合家庭农场的比例分别是 62.7%、17.8%、5.3% 和 11.6%。在种植业家庭农场中，63.4% 从事粮食生产，也就是说，全国

---

* 亩为非法定计量单位，1 亩＝1/15 公顷。——编者注

约40％家庭农场是从事粮食生产。五是经营状况总体较好。2018年，全国家庭农场年销售农产品总值1 946.2亿元，平均每个家庭农场32.4万元；超过2.49万家家庭农场拥有注册商标，超过1.7万家通过农产品质量认证。

第二，加快培育发展家庭农场，有政策、有支持。

一是家庭农场的扶持政策框架初步构建。2014年，农业部印发《关于促进家庭农场发展的指导意见》，同年，中办、国办印发《关于引导农村土地经营权有序流转发展农业适度规模经营的意见》，中国人民银行印发《关于做好家庭农场等新型农业经营主体金融服务的指导意见》；2017年，中办、国办印发《关于加快构建政策体系培育新型农业经营主体的意见》；2019年，中央农办、农业农村部等11部门和单位联合印发《关于实施家庭农场培育计划的指导意见》，以及近7年的中央1号文件，均对支持家庭农场发展提出了具体要求。目前，全国已有30个省区市下发了支持家庭农场发展的相关政策文件，对名录管理、注册登记、指导扶持等作出了制度安排。例如，上海市出台了2个市政府办公厅文件和9个区政府文件，建立起了培育家庭农场的"2＋9"政策体系。二是财政支持力度逐步加大。2017年中央财政首次安排专项资金1.2亿元支持家庭农场发展，2018年扩大到5亿元，2019年继续扩大，并带动地方不断加大投入力度。2018年，全国有16个省安排省级专项资金扶持家庭农场。湖北近两年各级财政扶持家庭农场资金累计达到近3亿元，融资贷款贴息2 000万元，主要用于农田基础设施建设、仓储烘干设施建设和贷款贴息等。江苏财政每年拿出9 000万元帮助1 000家左右家庭农场改善基础设施、购置农机具等。湖南2018年财政贴息952.62万元，家庭农场累计贷款36亿元。三是指导服务能力不断加强。农业农村部开发运行全国家庭农场名录系统，积极指导各地分级建立家庭农场名录管理制度；建立家庭农场全面统计制度，连续4年开展家庭农场典型监测，每年出版一本年度家庭农场发展报告。指导各省开展省市县三级示范家庭农场创建，涌现了一大批先进典型。不少地方创新举措，加大家庭农场指导服务力度。例如安徽政府将家庭农场纳入省农业产业化工作指导委员会协调范围。

第三，加快培育发展家庭农场，有经验、有期待。

从工作经验看，一是各级党委政府高度重视，推动有力。不少地方将培育发展家庭农场摆上重要议事日程，作为党委政府重要工作来抓，形成了工作有新措施、年年有新进展的推动发展局面。二是坚持从实际出发，因地制宜推动发展。有针对性发展适合当地实际的家庭农场，形成了各地普遍开花、发展各有千秋的良好发展局面。三是注重创造良好发展环境，加大支持力度。以财政支持为引导、以金融支持为助力，形成政府加市场共同发力的协同发展局面。四是强化示范创建，发挥典型带动作用。以东部发达省份带动中西部、以各级示范农场带动普通农场，初步形成了各省比学赶超、农场争创先进的良好发展局面。从学习榜样看，一方面，不少地方都出台了很好的政策，家庭农场工作各有亮点，大家要相互学习，取长补短；另一方面，2019年我部组织征集推介全国家庭农场典型案例，今天在座的就有我们推介的26个第一批典型案例农场主，这些都是广大农民群众和家庭农场身边学习的榜样。

从家庭农场期待看，一是期待加强风险防范。相对于普通农户，家庭农场主要从事规模化商品化生产经营，面临更大的自然灾害风险、市场风险和质量安全风险，对保险的需求更加强烈。但目前中央财政给予保费补贴的险种仅覆盖16个种、养、林品种，家庭农场急需的特色优势产品保险、价格收益保险等险种较少，三大粮食作物的平均保额仅为生产成本的40％左右，总体保障水平偏低。近年来，受价格波动、气象灾害等影响，部分地区家庭农场生产经营面临较大困难，有些难以为继。

二是期待完善农业设施用地政策。家庭农场对晾晒烘干、加工仓储等设施的需求更加迫切，靠自身实力难以承担建设支出。设施农用地政策规定不能很好适应客观需要，相关政策有待完善。缺少针对设施农业细分类别的用地标准，不少设施农用地难以达到节约集约用地要求。有的地方受用地指标限制或缺乏具体操作细则，导致设施农用地和农村新产业新业态用地政策落实不到位。

三是期待满足融资需求。近年来，银行业金融机构通过创新产品和服务方式不断加大对家庭农场的支持力度，但仍有金融机构简单移植工商信贷模式，现有信贷产品与家庭农场需求的契合度有待提高。此外，家庭农场自身也存在有效抵押物不足等问题。目前，农村承包土地的经营权、农民住房财产权抵押贷款试点取得了积极成效，但由于产权确认、价值评估、流转处置等问题较为复杂，试点作用还有待进一步显现。同时，全国农业信贷担保体系发挥的作用仍有限。

四是期待加强人才支持。农村教育、医疗等条件有限，家庭农场待遇普遍偏低，很难引进和留住人才。特别是在"三夏""三秋"等农忙时节和关键时期，农机手、植保员等技术人员短缺，难以做到适时播种、适期收获。基层农经管理机构在乡镇机构改革中被撤销、归并的情况比较普遍，基层农经体系十分薄弱，农经工作人员年龄老化严重、青黄不接，基层农经部门指导服务家庭农场心有余而力不足。

四、实施家庭农场培育计划的总体要求和政策措施

近日，经国务院同意，中央农办、农业农村部等 11 部门和单位联合印发《关于实施家庭农场培育计划的指导意见》（以下简称《指导意见》）。这份文件大家一直很期待，它是下一步培育发展家庭农场的纲领性文件，有很多亮点。现在文件已经出台，剩下的就是抓落实。

总体看，《指导意见》共包括 5 个部分 24 条，主要从总体要求、完善登记和名录管理制度、强化示范创建引领、建立健全政策支持体系和健全保障措施等方面对培育发展家庭农场进行安排部署。

第一部分是总体要求。此部分内容主要包括实施家庭农场培育计划的指导思想、基本原则及发展目标。

关于指导思想，《指导意见》提出要以习近平新时代中国特色社会主义思想为指导，全面贯彻党的十九大和十九届二中、三中全会精神，紧紧围绕统筹推进"五位一体"总体布局和协调推进"四个全面"战略布局，落实新发展理念，坚持高质量发展，以开展家庭农场示范创建为抓手，以建立健全指导服务机制为支撑，以完善政策支持体系为保障，实施家庭农场培育计划，按照"发展一批、规范一批、提升一批、推介一批"的思路，加快培育出一大批规模适度、生产集约、管理先进、效益明显的家庭农场，为促进乡村全面振兴、实现农业农村现代化夯实基础。

关于基本原则，《指导意见》提出坚持农户主体、规模适度、市场导向、因地制宜、示范引领基本原则。

关于发展目标，到 2020 年，支持家庭农场发展的政策体系基本建立，管理制度更加健全，指导服务机制逐步完善，家庭农场数量稳步提升，经营管理更加规范，经营产业更加多元，发展模式更加多样。到 2022 年，支持家庭农场发展的政策体系和管理制度进一步完善，家庭农场生产经营能力和带动能力得到巩固提升。

第二部分是完善登记和名录管理制度。这部分主要包括合理确定经营规模、优化登记注册服务和健全家庭农场名录系统三方面内容。

关于合理确定经营规模方面，《指导意见》提出，各地要以县（市、区）为单位，综合考虑当地资源条件、行业特征、农产品品种特点等，引导本地区家庭农场适度规模经营，取得最佳规模效益。

关于优化登记注册服务方面，《指导意见》提出，市场监管部门要加强指导，提供优质高效的登记注册服务，按照自愿原则依法开展家庭农场登记；建立市场监管部门与农业农村部门家庭农场数据信息共享机制。

关于健全家庭农场名录系统方面，《指导意见》提出，把农林牧渔等各类家庭农场纳入名录并动态更新，逐步规范数据采集、示范评定、运行分析等工作，为指导家庭农场发展提供支持和服务。

第三部分是强化示范创建引领。这部分主要是针对家庭农场的示范创建进行具体部署，主要包括加强示范家庭农场创建、开展家庭农场示范县创建、强化典型引领带动、鼓励各类人才创办家庭农场和积极引导家庭农场发展合作经营五个方面内容。

一是加强示范家庭农场创建。各地要按照"自愿申报、择优推荐、逐级审核、动态管理"的原则，健全工作机制，开展示范家庭农场创建，充分发挥其示范作用。这方面，2014 年，农业部印发《关于促进家庭农场发展的指导意见》，明确要求各地要积极开展示范家庭农场创建活动，建立和发布示范家庭农场名录，引导和促进家庭农场提高经营管理水平。目前全国已有 28 个省区市出台了示范评定办法，开展了示范家庭农场创建，初步形成了省市县三级示范创建体系。

二是开展家庭农场示范县创建。支持有条件的地方探索系统推进家庭农场发展的政策体系和工作机制，促进家庭农场培育工作整县推进，整体提升家庭农场发展水平。创建家庭农场示范县，不少地方已经在做，比如湖南在这方面就走在了全国的前列，形成了不少好经验好做法，取得了很好的效果。下一步，这方面要加大力度，我们将积极鼓励支持各地进行探索。

三是强化典型引领带动。及时总结推广各地培育家庭农场的好经验好模式，按照可学习、易推广、能复制的要求，树立一批家庭农场发展范例。2019年，农业农村部已经连续两批征集全国家庭农场典型案例，下一步，将加大力度。各地也要抓紧征集推介本地区的家庭农场典型案例，分级建立典型案例库，树立一批典型，让农民群众照着学、跟着干。

四是鼓励各类人才创办家庭农场。鼓励乡村本土能人、有返乡创业意愿和回报家乡愿望的外出农民工、优秀农村生源大中专毕业生以及科技人员等人才创办家庭农场。这方面，很多地方都有不少探索，比如浙江。创办家庭农场，不能只局限在本地户籍的农民，要有开放思维，吸引鼓励各类人才来创办。

五是积极引导家庭农场发展合作经营。具体来说，积极引导家庭农场领办或加入农民合作社，开展统一生产经营。既促进合作社提升发展质量，同时也提高家庭农场和合作社"闯市场"的能力。探索推广家庭农场与龙头企业、社会化服务组织的合作方式，创新利益联结机制。充分发挥各类主体各自优势，实现共赢。鼓励组建家庭农场协会或联盟，目的就是提升家庭农场自我管理、自我服务的能力，促进不同家庭农场优势互补、联合发展，共同提升市场竞争力。

第四部分是建立健全政策支持体系。这部分内容主要针对家庭农场培育发展政策提出明确要求，重点围绕依法保障土地经营权、基础设施建设、社会化服务和培训制度等方面进行部署，并从用地保障、财政税收政策、金融保险服务、信息化、社会保障等方面进一步强化支持。

一是依法保障家庭农场土地经营权。大家知道，实践中，家庭农场经营的土地大部分是流转过来的，因此，依法保障家庭农场土地经营权非常重要。特别是流转土地的稳定性和租金水平，直接关系到家庭农场能否稳定经营，对此，《指导意见》都提出了具体意见。比如，健全土地经营权流转服务体系；推广使用统一土地流转合同示范文本；健全县乡两级土地流转服务平台；健全纠纷调解仲裁体系；依法保护土地流转双方权益，引导土地流转双方合理确定租金水平，稳定土地流转关系，有效防范家庭农场租地风险。

二是加强基础设施建设。调研中，基础设施建设是家庭农场的一项较大开支。家庭农场十分关心财政支持的一些基础设施建设项目能否委托家庭农场承担。对此，《指导意见》提出明确意见，鼓励家庭农场参与粮食生产功能区、重要农产品生产保护区、特色农产品优势区和现代农业产业园建设；支持家庭农场开展农产品产地初加工、精深加工、主食加工和综合利用加工，自建或与其他农业经营主体共建集中育秧、仓储、烘干、晾晒以及保鲜库、冷链运输、农机库棚、畜禽养殖等农业设施，开展田头市场建设。支持家庭农场参与高标准农田建设，促进集中连片经营。

三是健全面向家庭农场的社会化服务。《指导意见》对公益性服务机构和社会化服务组织都提出了要求。比如，公益性服务机构要把家庭农场作为重点，提供技术推广、质量检测检验、疫病防控等公益性服务；支持各类社会化服务组织为家庭农场提供耕种防收等生产性服务。同时，《指导意见》还提出，探索发展农业专业化人力资源中介服务组织，解决家庭农场临时性用工需求。这一条政策想必在座的家庭农场主都有深切体会。

四是健全家庭农场经营者培训制度。这一条政策对农业农村部门提出了明确要求，比如使家庭农场经营者至少每三年轮训一次，这将对提升家庭农场经营者能力素质发挥重要作用。同时，《指导意见》还提出，在农村实用人才带头人等相关涉农培训中加大对家庭农场经营者培训力度；支持各地采取田间学校等形式开展培训。

五是强化用地保障。《指导意见》要求，利用规划和标准引导家庭农场发展设施农业；鼓励各地通过多种方式加大对家庭农场建设仓储、晾晒场、保鲜库、农机库棚等设施用地支持；坚决查处违法违规在耕地上进行非农建设的行为。

六是完善和落实财政税收政策。《指导意见》提出，鼓励有条件的地方通过现有渠道安排资金，采取以奖代补等方式，积极扶持家庭农场发展，扩大家庭农场受益面；支持符合条件的家庭农场作为项目申报和实施主体参与涉农项目建设；支持家庭农场开展绿色食品、有机食品、地理标志农产品认证和品牌建设；

家庭农场生产经营活动按照规定享受相应的农业和小微企业减免税收政策。

七是加强金融保险服务。《指导意见》提出，鼓励金融机构针对家庭农场开发专门的信贷产品；开展家庭农场信用等级评价工作，鼓励金融机构对资信良好、资金周转量大的家庭农场发放信用贷款；全国农业信贷担保体系要在加强风险防控的前提下，加快对家庭农场的业务覆盖，增强家庭农场贷款的可得性；继续实施农业大灾保险、三大粮食作物完全成本保险和收入保险试点，探索开展中央财政对地方特色优势农产品保险以奖代补政策试点；鼓励开展家庭农场综合保险试点。

八是支持发展"互联网＋"家庭农场。《指导意见》提出，提升家庭农场经营者互联网应用水平，推动电子商务平台通过降低入驻和促销费用等方式，支持家庭农场发展农村电子商务；鼓励市场主体开发适用的数据产品，为家庭农场提供专业化、精准化的信息服务；鼓励发展互联网云农场等模式，帮助家庭农场合理安排生产计划、优化配置生产要素。

九是探索适合家庭农场的社会保障政策。这方面，《指导意见》主要部署了两条。分别是，鼓励有条件的地方引导家庭农场经营者参加城镇职工社会保险；有条件的地方可开展对自愿退出土地承包经营权的老年农民给予养老补助试点。这方面的政策，上海有不少探索，值得大家借鉴。

第五部分是健全保障措施。这部分主要从组织领导、部门协作、宣传引导和推进立法等方面对家庭农场培育发展"保驾护航"。

一是加强组织领导。《指导意见》提出，地方各级政府要将促进家庭农场发展列入重要议事日程，制定本地区家庭农场培育计划并部署实施；县乡政府要积极采取措施，加强工作力量，及时解决家庭农场发展面临的困难和问题，确保各项政策落到实处。

二是强化部门协作。《指导意见》提出，县级以上地方政府要建立促进家庭农场发展的综合协调工作机制，加强部门配合，形成合力；农业农村部门要认真履行指导职责，牵头承担综合协调工作，会同财政部门统筹做好家庭农场财政支持政策。

三是加强宣传引导。《指导意见》提出，充分运用各类新闻媒体，加大力度宣传好发展家庭农场的重要意义和任务要求；密切跟踪家庭农场发展状况，宣传好家庭农场发展中出现的好典型、好案例以及各地发展家庭农场的好经验、好做法，为家庭农场发展营造良好社会舆论氛围。不久前，我部就实施家庭农场培育计划有关情况举行了新闻发布会，公开推介了一批典型案例，主流媒体都予以了报道，宣传效果很好。各地也要进一步加大宣传力度。

四是推进家庭农场立法。关于这方面的部署，不是第一次。2015 年，中办、国办印发的《深化农村改革综合性实施方案》提出，适时提出促进家庭农场发展的相关立法建议。2016 年，中办、国办印发的《关于完善农村土地所有权承包权经营权分置办法的意见》提出，认真研究家庭农场发展相关法律问题。目前，相关研究工作正在进展。此次《指导意见》提出，加强促进家庭农场发展的立法研究，加快家庭农场立法进程，为家庭农场发展提供法律保障；鼓励各地出台规范性文件或相关法规，推进家庭农场发展制度化和法制化。

五、加快培育发展家庭农场需要坚持的基本原则

加快培育发展家庭农场，有不少新的指导思路，特别是《指导意见》提出了一些新的要求。总体看，下一步各地培育发展家庭农场，需要着重把握以下基本原则。

一是坚持农户主体。就是指培育发展家庭农场要以农户为主体，在此基础上，积极探索家庭农场的多种发展模式。巩固和完善农村基本经营制度，首先就是要坚持家庭经营的基础性地位。在当前我国新型城镇化深入发展的大背景下，要鼓励那些有长期稳定务农意愿的农户适度扩大经营规模，发展多种类型的家庭农场，开展多种形式合作与联合。

二是坚持适度规模。就是指要引导家庭农场根据产业特点和自身经营管理能力，实现最佳规模效益。既不能搞"一刀切"，又要防止片面追求土地等生产资料过度集中，防止"垒大户"。这条原则是把握《指导意见》精神的一个关键点。实践中，家庭农场经营的规模多大最适合，标准就是看效益。只要是实现了最佳规模效益，规模可以大点，也可以小一点。未来，要引导家庭农场以效益论英雄，而不是以规模论英雄。

三是坚持市场导向。就是指要遵循家庭农场发展规律，充分发挥市场在推动家庭农场发展中的决定性作用，加强政府对家庭农场的引导和支持。换句话说，就是要提高家庭农场的市场竞争力，在市场竞争中实现发展壮大。政府的作用就是保驾护航，做好引导和支持，切忌行政干预，搞强迫命令。

四是坚持因地制宜。就是指要鼓励各地立足当地实际，确定发展重点，创新家庭农场发展思路，务求实效。各地在实践过程中，一定要根据本地资源禀赋、经济社会发展等条件，因地制宜、因时制宜培育发展家庭农场，要多模式培育、多元化发展，形成百花齐放的局面。

五是坚持示范引领。就是指要发挥典型示范作用，以点带面，以示范促发展，总结推广不同类型家庭农场的示范典型，提升家庭农场发展质量。开展家庭农场示范创建，是我们通过实践认定的一条好路子，要坚持走下去，要加大力度。同时，还要树立一批一批的典型，总结好的经验，推广成功做法，从而促进全国家庭农场快速发展，稳步提升家庭农场发展质量。

六、加快部署下一步重点工作

当前，我国家庭农场培育发展正处于关键期，也处于重大机遇期。下一步，各地在指导家庭农场发展中，要重点抓好以下几项工作。

第一，研究确定家庭农场培育对象。《指导意见》明确提出，在培育家庭农场时，应坚持以市场为导向，遵循家庭农场发展规律，充分发挥市场在推动家庭农场发展中的决定性作用。下一步，确定家庭农场培育对象，重点是建立健全家庭农场名录管理制度。总体考虑是，各地要以县（市、区）为单位，综合考虑当地资源条件、行业特征、农产品品种特点等，引导本地区家庭农场开展适度规模经营，取得最佳规模效益。各地要研究制定把家庭农场纳入名录的具体条件、程序等。

第二，把符合条件的种养大户、专业大户纳入家庭农场范围。《指导意见》对家庭农场的内涵和外延进行了界定，指出家庭农场以家庭成员为主要劳动力，以家庭为基本经营单元，从事农业规模化、标准化、集约化生产经营。根据国家统计局发布的第三次全国农业普查对规模农业经营户进行的规范统计，全国共有

398万多户规模农业经营户。从实践来看，这些规模农业经营户大部分都符合家庭农场的内涵，契合家庭农场培育发展的方向。针对这一实际情况，把符合条件的种养大户、专业大户等规模农业经营户纳入家庭农场范围，有利于更好服务所有实实在在从事农业生产经营的家庭农场，有利于促进家庭农场规范发展，有利于更好发挥家庭农场对现代农业的引领作用。这对家庭农场培育工作提出了新要求，下一步，各地要简化有关程序，加快建立健全家庭农场名录管理制度，把符合条件的种养大户、专业大户纳入家庭农场范围，并及时填报到家庭农场名录系统，以家庭农场名录管理制度为基础和抓手做好指导、扶持和服务工作。

这里，要特别强调一下家庭农场与小农户、各类大户以及农民合作社、农业产业化龙头企业、农业社会化服务组织的关系。习近平总书记指出，我国小农生产有几千年的历史，"大国小农"是我国的基本国情农情；要处理好培育新型农业经营主体和扶持小农生产的关系；实现小农户和现代农业发展有机衔接。培育发展家庭农场要坚持农户主体；家庭农场是小农户发展的一个方向，要鼓励有长期稳定务农意愿的农户适度扩大经营规模，发展多种类型的家庭农场。在发展多种形式适度规模经营过程中，种养大户、专业大户等各类大户应运而生。对于这些大户，没有明确的概念和统一的内涵。国家统计局发布的第三次全国农业普查，对规模农业经营户进行了规范统计，全国共有398万多户规模农业经营户。这些大户与家庭农场有交叉和重叠，简单说，实行家庭经营的种养大户、专业大户，大部分都是家庭农场。综合看，小农户、各类大户和家庭农场既有联系，也有区别。我们在培育发展家庭农场工作中，既不能强调大，也不能强调小，而要看是否取得了最佳规模效益，一方面，要坚持以农户为主体培育发展家庭农场；另一方面，要把符合条件的种养大户、专业大户纳入家庭农场范围。

家庭农场与其他新型农业经营主体关系密切，对此，《指导意见》也进行了专门部署。总体看，合作社是农户占主体的合作组织，未来重点是提升规范化水平，增强服务带动能力，开展"空壳社"专项清理。突出抓好家庭农场和农民合作社发展，要求要做好家庭农场和合作社融合发展工作。下一步，要积极引导家庭农场领办或加入合作社，推动合作社高质量发展。龙头企业和社会化服务组织是带农发展、为农服务的重要主体。家庭农场是龙头企业和社会化服务组织的重点带动和服务对象。下一步，要探索推广家庭农场与龙头企业、社会化服务组织的合作方式，创新利益联结机制，各取所取、互利共赢。

第三，完善家庭农场名录系统。我部开发运行的全国家庭农场名录系统是指导、扶持和服务家庭农场的有力抓手。2019年3月以来，各地按照《农业农村部办公厅关于做好家庭农场名录系统信息填报和监测有关工作的通知》部署安排，积极填报家庭农场名录系统信息，取得了阶段性成效。但目前，纳入家庭农场名录系统的家庭农场（含符合条件的种养大户、专业大户等规模农业经营户）数量，与全国实有数量相比仍有较大差距，部分省份填报进展相对缓慢。下一步，各地要按照我司刚刚印发的《关于加快填报家庭农场名录系统信息的通知》有关要求，加强工作力量和条件保障，制定计划，倒排工期，抓紧把符合条件的种养大户、专业大户纳入家庭农场范围并填报到名录系统，加快名录系统填报进度，确保今年年底前，应录尽录。

第四，实施好家庭农场中央财政项目。2019年，中央财政安排支持家庭农场的资金不算少。各地要根据农业农村部、财政部《关于做好2019年农业生产发展等项目实施工作的通知》和农业农村部办公厅、财政部办公厅《关于支持做好新型农业经营主体培育的通知》有关要求，结合《指导意见》部署，按照任务清单要求，认真实施好家庭农场中央财政项目，积极扶持家庭农场发展，促进家庭农场高质量发展。

第五，加强家庭农场组织领导和部门协作。近年来，我部会同有关部门认真贯彻落实中央决策部署，加强顶层设计，指导各地强化指导服务，家庭农场工作机制不断健全。但同时也存在一些问题，如普遍没建立综合协调工作机制、各部门配合有待加强等。对此，《指导意见》作出专门部署。下一步，各地要重点做好三件事情，一是地方各级政府要制定本地区家庭农场培育计划并部署实施，包括省、市、县、乡四级，这是一项硬任务，各省农业农村部门家庭农场业务处室要具体抓好，及时向有关领导和部门请示汇报。二是县乡政府要积极采取措施，加强工作力量，及时解决家庭农场发展面临的困难和问题，确保各项政策落到实处。这一条非常关键，主要是解决基层缺人手的问题，各地要运用好这项政策，指导县乡两级加强工作力量。三是县级以上地方政府要建立促进家庭农场发展的综合协调工作机制，加强部门配合，形成合力。这一条是推进工作的重要方式，各省要抓紧落实，尽快建立，发挥作用。同时，《指导意见》提出的鼓励组建家庭农场协会或联盟，也是家庭农场组织领导工作的重要内容。这方面，不少地方已经有了很好的探索实践，各地可以结合实际抓紧引导组建一批区域性家庭农场协会或联盟，加强指导和服务，充分发挥其作用。

同志们，加快培育发展家庭农场意义重大。我们要认真贯彻落实习近平总书记重要指示精神，按照胡春华副总理讲话精神和中央农办、农业农村部等11部门和单位《关于实施家庭农场培育计划的指导意见》部署要求，扎实工作、全面发力，实施好家庭农场培育计划，促进全国家庭农场高质量发展，为实现乡村振兴做出更大贡献！

（本文系农业农村部政策与改革司司长赵阳同志2019年10月24日在全国家庭农场高质量发展培训班上的讲话）

案 例 篇

一、种植类

安徽天长市稼农家庭农场：

科学种田创高产　规模经营增收入

◼ 导　读

　　稼农家庭农场通过引进良种良法、实行精细化管理、开展多方协作，走出了一条绿色种植的新路子。这个案例表明，以种粮为主的农户家庭农场要想经营效益好，应当具备以下几个要素：**一是广辟途径，做细"节本增效"文章。**稼农家庭农场345亩的经营规模较好地容纳了全套农机设备，既节省成本，还适当对外提供农机服务增加收入。农场引进的稻谷新品种实现了优质优价，每亩净增效益200多元。农场还在农业防治、生产记录等多处着力，达到了节约成本、增产增效的目的。**二是重视科技，成为绿色种植"新农达人"。**家庭农场要取得持续收益必须用现代科技来武装，走绿色种植的发展道路。稼农家庭农场在经营过程中，坚持绿色种植理念，采用轮休模式，精选新品种，开展农业防治，实施节水增温等栽培管理技术，既环保又增收。**三是多方联合，发展新型"订单农业"。**以稼农家庭农场为例，农场与龙头企业之间不再是传统"依附"关系，而是共同利益缔造者。基于订单与合约，家庭农场不但可以与企业构成紧密的利益共同体，还能带动种田大户、小农户等参与产业化经营，并有机会成为产业链的利益整合者。

案例介绍

稼农家庭农场位于安徽省天长市冶山镇高巷村，创办于 2012 年，现流转土地 345 亩，主要从事小麦、水稻种植及稻米加工与销售，先后被评为"天长市十强家庭农场""滁州市示范家庭农场""安徽省示范家庭农场"。稼农家庭农场主陈宏平是种田的"老把式"。2011 年春，陈宏平在高巷村流转 100 多亩土地种植小麦、水稻。凭着扎实的农技功底和精细化管理，当年小麦、水稻年亩均单产达到 1 100 千克，亩均收入达到 700 多元。2012 年，尝到规模化种田甜头的陈宏平，在高巷村又流转 150 多亩土地，并到工商部门登记注册了天长市稼农家庭农场。2018 年陈宏平被天长市农业广播电视学校聘请为兼职教师。

稼农家庭农场秉承科技引领、良种引进、生态种植、规模增效的理念，大力发展订单农业，取得了显著成效。

一、规模经营，节本增效

流转土地后，农场配齐了旋耕机、开沟机、插秧机、收割机、机动喷雾器等农机具，开展规模经营。以种水稻为例，如果租用别人的机械耕耙、插秧、收割、烘干，一套流程下来一亩地至少要花费 210 元，而用自己的机械所需费用还不到 90 元，不仅节约了成本，还能在农忙期间接活，增加农场收入 10 多万元。

二、绿色种植，培养地力

农场始终秉持种地与养地相结合的绿色种植理念，从不对土地进行掠夺式种植。每年，农场都要在不同的地块里取土，送市农委土肥站检测，根据土壤肥力，结合产量预期，建立配方施肥台账。同时，农场还采取"秸秆全量还田＋绿肥种植"模式对田块进行分片轮休，减少化肥使用量，有效培养地力，提高粮食品质和市场竞争力。此外在种植过程中，农场还推广春季小麦镇压、土壤深松、秸秆速腐还田、机插秧等农业新技术，为提高粮食产量奠定了基础。

三、精选品种，示范推广

针对当地小麦品种抗病性差、品质不佳、产量不稳、市场销路不好的情况，农场种植了从江苏农科院引进的优质高效品种"宁麦13"，通过两年试种，该品种表现出了优异的抗病性和稳产高产等特点，而且市场销路平稳走高。种植期间，农场多次邀请种植大户、小农户前来观摩评议，并按商品粮的价格提供给大户和小农户作为良种。截至目前，该品种已在全市推广50多万亩，占到全市小麦种植面积的"半壁江山"，亩均增产70千克，增收150元。2016年，农场又引进优质香糯性粳稻"南粳9108"和香味型杂交稻"丰两优香一号"。这两个品种不仅口感好，而且全部符合国家A级绿色食品标准，当年每亩水稻净增效益200多元。

四、巧施肥料，力促稳产

氮肥"一炮轰"是当地普通农户通常的做法。一次性施氮肥量太多，庄稼长势过旺易倒伏，结实率低，直接影响产量。农场根据天长市土肥站的地力检测数据，摸索总结出麦、稻均衡施肥"三法"，即长效肥与短效肥配比用、氮磷钾肥对症用、有机肥与无机肥混合用。确定"四步走"施肥方案：麦茬田旋耕前，施氮、磷、钾三元素复合肥；水稻秧苗移栽时，施氯化氨或碳酸氢氨速效肥，做到早返青、早活棵、早分蘖；水稻秧田烤田后增施钾肥；灌浆时巧施微量元素肥，提高水稻抗倒伏能力，同时也增加千粒重。水稻后期控制氮肥，干湿交替，避免后期因氮肥过多，叶色浓绿而导致病虫害发生。通过科学施肥，达到了稳产增效的目的。

五、浅水活棵，盘活水源

农场地处高岗，水源缺乏，如遇干旱，插秧灌溉要经过5级提水。从源头到田头，加上20公里沿途跑冒滴漏，真正到田的只有七分水。于是农场一改过去插秧大水漫灌的做法，采取薄水插秧，寸水活棵，干湿交替，适期烤田，后期灌"跑马水"。既盘活了水资源，节省用水成本，又缩短了秧苗返青期，增强了秧苗根系活力，对提高产量也有极大帮助。年均节约用水 3 万多立方米，节约水费上万元。

六、农业防治，控制用药

综合利用"农业防治"，尽量减少农药使用次数，努力营造农作物抗病虫害的田间小气候。近年来，农场投资 2 万多元在田间设置了 300 多个螟蛾性诱剂捕蛾器，诱捕雄性螟蛾，阻断螟虫繁殖链，降低螟虫繁殖基数。同时注意保护病虫天敌，坚决不用对益虫有害的农药，达到虫吃虫的效果。适期防治、达标防治病虫害，不盲目用药，是陈宏平多年总结出的防治经验。天长市植保站发布的病虫测报，陈宏平总是每期必看，认真研判。2016 年 7 月上旬，市植保站发布"四二代稻纵卷叶螟预报"，陈宏平立刻下田观察，发现田里发蛾量、虫卵量较少，低于防治指标，决定不用药。邻近的家庭农场机声隆隆，忙着喷药治虫，而该农场没花一分钱。结果证明，陈宏平判断准确，少打一遍药不仅节约成本 1 万多元，而且降低了农药污染。2018 年 8 月初，市植保站发布"五三代稻纵卷叶螟暴发情报"，他及时下地观测，田间发蛾量及虫卵量已经超过防治指标，他意识到有可能大面积暴发。于是，在幼虫孵化期果断用药，结果许多农户田里一片白叶，而农场的几百亩水稻一片青绿。2017 年皖东地区水稻生长后期雨水较多，容易发生水稻纹枯病、稻曲病，许多农户及种粮大户都未能幸免，出现卖粮难，而陈宏平由于注重"农业防治"，稻谷无病害、出糙率高，一上市便被粮商抢购一空。

七、订单农业，解决卖难

农场从 2013 年开始与安徽倮倮米业公司合作，严格按照倮倮米业指定的品种种植，公司包销，收购价比同期市场价每千克上浮 0.20～0.40 元。农场资金遇到困难时，公司及时给予支持，生产中，公司还定期派农技员到现场指导培训。通过把优质水稻加工成大米，每亩净增效益 600 多元。农场还引导种田大户、小农户同安徽牧马湖农业开发集团公司签订订单合同，每千克加价 0.16～0.20 元，带动了 20 多位种田大户与 200 多位小农户的 2 万多亩优质水稻每亩增收 100 多元。"订单农业"使农场不仅不为卖粮发愁，而且还卖出了好价钱。

八、科学记账，查找漏洞

俗话说："好记性不抵烂笔头"。稼农家庭农场是天长市第一家规范建立台账和生产记录的农场。农场主陈宏平每天兜里总是装着一支笔、一个小笔记本，为的是方便把每天的农事安排、生产资料进出、气温、风力、天气、土壤墒情都详细记录下来，晚上回来再记到台账上、储存到电脑里。通过定期收支比对，研究增收节支方案。2016 年底，通过收支明细表，陈宏平发现，麦田除草和秧田除草成本每年每亩都呈 20 元左右上升趋势。于是，农场决定在小麦播种镇压和机插秧整地后进行封闭处理，通过试验筛选出了适合岗区沙土田封闭用的除草药剂。从 2017 年开始进行小麦、水稻除草剂"一封""二杀"后，田间杂草总基数明显下降，除草成本降低，基本不用雇人工拔草，仅此一项每年节省 4 万多元。

九、重视科技，创新发展

多年来，陈宏平带领家人学习农业科技知识，每年订阅农技类报刊书籍费用近千元。同时，他还积极参加各类农技培训，向市农业科技推广中心的专家们请教，在理论知识上潜心学习，并在实践中灵活运用，不断提高农技水平，成为天长市唯一拥有"助理农艺师"专业技术职称的农民。陈宏平结合丘陵地区特点，实施节水增温技术，比如水稻栽培前期勤灌水，促进根系早扎根、早分蘖，提高有效分蘖数，后期灌浆时遇低温，灌深水，提高积温，全程控制水资源运用，提高有限水资源利用。2013 年水稻遇到高温热害，大部分农户水稻每亩单产只有 350～400 千克，有的甚至绝收，而稼农家庭农场由于科学选种、适期种植、适龄移栽、合理密植、平衡施肥、病虫害适期防治、抗旱及时，所种植的水稻实际收成不减反增，每亩比 2012 年增产 100 多千克，杂交水稻亩均单产达到 624 千克，实现岗区麦稻亩产"吨子"粮。近两年，农场通过科学选种、植保，小麦亩产达到 500 千克、粳稻亩产高达 707.5 千克。

稼农家庭农场不断探索农业生产经营专业化、绿色标准化技术，运用良种良法，努力挖掘高岗地区粮食增产潜力。近年来又积极探索延伸种植产业链，提高附加值，注册了"天长稼农"商标。通过规范化、精细化管理，走绿色农业发展模式，农场实现了产量和效益双提升，创造了丘陵高岗地区创高产的奇迹，带动天长市20多个家庭农场和周边100多个小农户增产增收。

辽宁清原满族自治县明宇家庭农场：

挖掘农产品品牌价值 树立良好市场信誉

■ 导 读

　　辽宁省抚顺市清原满族自治县明宇家庭农场通过集约化、规模化、专业化经营提升农场现代化水平，以打造品牌塑造产品价值，走出了一条集约化、专业化、规模化、品牌化的种粮新道路。这个案例表明，以种粮为主的家庭农场要想经营效益好，应当具备以下几个要素：**一是注重延伸产业链条，实现产加销一体化经营。**实现农业产业转型升级，重在提高农业综合效益。明宇家庭农场通过完善产加销一体化全链条，以优质稻谷加工和销售提升农产品附加值，创造了更高的利润空间。**二是注重品牌培育，树立市场信誉。**品牌培育是打造特色农产品的重要途径，能够有效提升农产品市场竞争力，激发产品的内在价值。明宇家庭农场优选适合当地生产的"稻花香"新品种水稻，申请注册了"民和丰"品牌，在当地拥有了良好的口碑。目前，销售网络已经辐射到长春、通辽、天津等城市，树立了良好的市场信誉，其产品供不应求。**三是注重农机设备使用，提升生产效率。**农机是提升农场工作效率的有效方式，明宇家庭农场实现了耕、种、防、收全程一体化，降低了生产成本，提高了农业投入产出效率。

■ 案例介绍

明宇家庭农场位于辽宁抚顺市清原满族自治县草市镇大窝棚村，于2014年注册成立，2016年被评为省级示范家庭农场。该家庭农场以种植水稻为主，采用生产、加工、销售一体化的经营模式，打造了"民和丰"大米品牌，不仅拓展了销路渠道，而且极大提高了农产品附加值，是清原满族自治县家庭农场的典范。农场主霍秘财是大窝棚村村民，1972年出生，高中学历，后来接受过水稻育养技能培训，是水稻种植的"老庄稼把式"。

农场目前共经营土地340亩，其中流转土地330亩，以种植水稻为主。在不考虑自家劳动力投入、临时雇工投入、自家机械折旧、产品包装费用的情况下，种植水稻净收入将近70万元。明宇家庭农场通过采取雇佣会计记账方式，形成了良好的收支明细记录。家庭农场生产经营全部实现机械化生产。此外，霍秘财通过自家生产经营和收购散户粮食两种方式，能够储备粮食300～400吨。

明宇家庭农场通过优选良种、实现产加销一体化、打造品牌价值、拓宽销售渠道，取得了显著成效。

一、延伸产业，推动收入增长

明宇家庭农场通过延长农业产业链，推动农业转型升级，实施生产、加工、销售一体化经营模式，有效延伸了农产品增收价值链，创造了更高的种植利润空间。明宇家庭农场于2014年成立时购买了稻米加工设备，机房占地2 000平方米，通过将带壳的稻米进行初清、清杂、去石、清尘、脱壳、谷糙分离、碾米、色选、打包等一系列工序，以最小的破碎程度将胚乳与其他部分分离，制成品质较好的大米，实现了农产品供给质量有效提升。通过水稻深度加工，进一步提升了水稻的附加值，相对于小农户传统的生产方式，明宇家庭农场实现了专业化、组织化、机械化生产，不仅提高了农业生产效率，而且提升了农产品市场竞争力，增收效果较为显著。

二、培育品牌，实现价值提升

明宇家庭农场于 2014 年 9 月申请注册了"民和丰"牌大米商标，采用真空处理技术、纸盒包装方式、标准化生产以满足人们对高质量大米的需求，充分发挥了地域性特色农产品品牌内在动力。明宇家庭农场主要生产"稻花香"和"超级香"两种类型大米，其中"稻花香"稻谷 4.8 元/千克，成品大米 9.0 元/千克；"超级香"稻谷 3.0 元/千克，成品大米 4.8 元/千克。通过打造特色农产品品牌，"稻花香"和"超级香"两种类型大米分别每千克增收 4.2 元、1.8 元，种植水稻年总收入近 70 万元。明宇家庭农场及时跟进不断变化的市场需求，深入挖掘特色农产品品牌价值，使得"民和丰"品牌大米市场推广成效显著，远销抚顺、辽源、通化、长春、通辽、天津等城市，树立了良好的市场信誉，在当地具有较高的市场竞争力。

三、规范流转，保障土地集中

明宇家庭农场自有承包地 10 亩，其余均为流转土地。通过土地流转，目前明宇家庭农场共经营土地 340 亩，流转他人土地 330 亩，分为 1 大块、4 小块土地，最小块土地 20 多亩，最大的一块土地 160 亩。当然，土地流转并不总是一帆风顺，有的村民不愿流转，而农场的稻田用水和机械化作业必须经过该地块，农场主霍秘财通过请村委会从中协调、邻居出面说和、承诺优先聘用其到农场打工（支付工资 100 元/天）、提高流转价格等措施，终于将一些"插花地"流转进来，使土地集中连片，更加适合机械化作业。霍秘财通过采用"外部人员内部化"的方式，即"为不愿意转出土地的农户提供就业机会，以雇佣的形式将农户吸纳为家庭农场经营的一分子"，既实现了土地顺利流转，促进了土地集中连片，又解除了农户的后顾之忧，实现了双方共赢。这种处理方式，为霍秘财在当地树立了良好的个人形象。

四、农机作业，提升生产效率

集中连片的水田使先进农机设备的应用成为可能。目前，农场能够做到耕、种、防、收全程机械化，提高了工作效率，降低了生产成本。在整地时，采用机械深耕早翻，使耕作层加厚，促使农作物根系发达，同时可以提高晾晒耕作层地温，杀死地下的害虫。在育苗、插秧时，采用机械育苗和插秧，使秧苗远近相应，后期长势整齐，便于田间管理。在秋收时，使用联合机，收割、脱粒一次完成。农场使用农业机械代替人工耕种，极大地提高了工作效率，在农忙时具有较大优势，降低了农场的雇工成本。

五、改良品种，促进品质优化

农场主霍秘财深谙科学种田的重要性，只有选用良种良法，才能提升水稻品质，提高生产经营收益。农场成立初期种植老品种水稻，产量高，但加工出来的大米饱满度低、口感差，市场不认可。为优化种植品种，农场坚持以市场需求为导向，引进需求量较大、口碑较好、适合当地种植的水稻新品种——"稻花香四号"，虽然产量有所下降，但其独特的香味和绵软的口感，深得客户青睐。2018年，农场又引进新品种——"稻花香早香"，给每个品种设立一个标准的实验田，为品种间的比较和新品种推广奠定了基础。

六、科学管理，提高水稻品质

农场不断规范生产标准和管理制度，建立完整的财务收支记录和农业投入品采购、使用记录，在生产经营过程中，不断探索适合家庭农场发展的科学种植方式和规范管理模式。在施肥方面，请农技部门帮助对耕地逐块进行测土化验，按照专家开出的配方施肥，切实提高化肥施用的准确性，减少化肥施用量。比如在插秧一周后，尿素每亩 10～15 千克，混合相应比例除草剂，合并一次施用。在用水方面，插秧时田间以"露泥"为宜，如果插秧后是天晴，则第二天复水；如果插秧后是阴雨天，则第四天复水，水盖泥即可；插秧后 15 天脚踩下田检查，脚迹周围有气泡冒出，必须继续排水，"露泥"至开裂后再复水，复水 3 天后再检查，直至"露泥"。采用"排、露、灌交叉结合"的方式，促进水稻扎根，避免后期倒伏。在用药方面，听从专家的指导，科学合理施用农药，避免农药残留过量。

七、应用网络，拓展资源平台

明宇家庭农场主通过加入天下粮友交流群、大米粮食信息群等微信群来获取市场动态、技术指导和销售渠道信息，从而能够把握最新的市场信息动态。此外，通过微信群内互动，还能够解决一系列种植技术问题，并且能够积累有效的市场营销渠道，为增收拓展更广阔空间。同时，农场主不断跟进微信群中的信息动态，并通过微信群咨询在水稻种植、加工等环节中遇到的问题，形成了有效沟通机制，为完善农业生产经营增添了保障。此外，通过微信群互动能够拓宽销售市场，农场主霍秘财通过这种方式建立了持续有效的销售关系，使得自家农产品供不应求。

八、增加投入，稳步扩大规模

农场依托国家的惠农政策，不断完善水稻种植和加工的设施设备，拓宽增收渠道。目前明宇家庭农场共有拖拉机2台、收割机1台、插秧机1台、深松机1台、旋耕机1台，同时建有2000平方米的稻米加工厂房和1000平方米的粮食晾晒场，有一整套稻米加工及包装设备，有标准的水稻、大米仓储库房。此外，农场还新建了3座育秧大棚，总占地面积1600平方米，能够满足农场水稻育苗生产的需要。通过不断增加机械设备加大建设投入，使得明宇家庭农场有了一整套完善的水稻种植、加工、包装设备，有效提高了生产效率，改善了农产品质量。

山东郯城县农大家庭农场：

科学种粮与生产服务 "两手抓"

■ 导 读

　　农大家庭农场坚持适度规模经营，品牌化发展高效农业，大力拓展社会化服务，实现了稳产增收，取得了较好的经济效益与社会效益。农大家庭农场提供了以下可借鉴经验：**一是适度规模，社会化服务，多元化经营。**一方面，在适度规模耕地上配置全套农机和可视化大田管控系统，精细化管理；另一方面，积极开展社会化服务，充分利用机械能力，多元化经营增收，实现"节本增效"。**二是重视科技，绿色化生产，争做新农民。**农大家庭农场负责人高度重视农业科技的学习与应用，在生产经营中坚持生产绿色化原则，精选优质品种，活用农业科技，实现经济效益与生态效益共赢。**三是多方合作，品牌化经营，发展优质高效农业。**农场通过与山东省著名商标"姜湖"的合作，实现了稻米生产的优质优价。同时，联合30多户小农户，通过技术指导、标准化生产、订单收购形成利益共同体，发展优质高效农业。农场通过与外部资源合作，带动了内部资源配置效率提升，实现与合作方的共同发展。

■ 案例介绍

农大家庭农场位于山东临沂市郯城县归昌乡陈庄村，创办于2014年，主要从事小麦、水稻种植及稻米加工与销售。农场主陈龙于2001年返乡投身农业生产，利用自家承包和流转的29亩土地种植水稻和地瓜。2003年，陈龙流转了160亩"撂荒地"，凭借精细化管理，获得了粮食大丰收，挖到了规模经营的"第一桶金"。此后不断扩大生产规模，拓展经营项目。农大家庭农场先后被评为"临沂市示范家庭农场""山东省家庭农场示范场"。

农大家庭农场秉承规模化生产、品牌化经营、社会化服务的理念，坚持开展绿色生产、品牌营销、托管服务，取得了良好的经济效益、社会效益及生态效益，具有较强的示范性和地区影响力。

一、适度规模，节本增效

农大农场根据自家劳动力情况，在实践中不断摸索生产经营的最佳规模，将土地经营面积稳定在230亩，在规模化生产的同时可以精细化管理。农场配备了无人机、自走式打药机、收割机、水稻苗床粉土机、插秧机、整板机等农用机械，降低了劳动力成本。在完成农场作业之余，对外提供水稻育秧、插秧，打药飞防等农业生产托管服务，降低成本的同时实现了多元化经营创收。

二、绿色生产，严保品质

农大农场坚持绿色种植、可持续生产的原则，确保农产品质量过关，农田地力用养兼具。选用优质品种，推广采用物理灭虫、稻茬麦免耕条播、"一喷三防"等技术，减少化肥、农药施用。2018年，农场将生产的稻米送至山东省农业农村厅检测中心自费进行质量检测，确保稻米绿色无害，产品优质。同时，农大农场注重土地平整和地力培育，避免掠夺式生产。

三、优质肥料，优购巧施

农大农场为保证农业生产环境绿色、过程绿色、产品绿色，在化肥施用环节减少普通复合肥施用，根据土壤含量，测土配方施肥。同时，增施有机肥，喷施硒元素，施用锰、锌、硅等微量元素，生产具有独特市场需求的绿色富硒农产品。农大农场在肥料的选取和采购方面，与地方农技推广中心对接，严格把控肥料的来源与质量。在外包服务和托管服务过程中使用、推广优质肥料，实现优价优购。

四、高效飞防，严把用药

不同于普通小农户凭借个人生产经验进行多次、多量施药，农大家庭农场与当地农技部门密切联系，在打药飞防环节使用物理灭虫、无人机飞防，根据农业生产时机，严格把控施药时间和用量，降低生产成本，实现生态保护。农大农场在田间安装了 8 台频振式太阳能灭虫灯，减少田间害虫基数，降低病虫害发生率。在密切关注气象信息基础上，与当地农业技术人员保持实时沟通，把握用药时机，保证药效充分发挥。2016 年，陈龙为提高用药效率，在提供外包服务和托管服务的耕地上进行统一防治，个人出资购买了 2 台无人机，并经过 26 天的培训，拿到了无人机操作证书，在减少农药用量的同时提升了防治效果。

五、多方合作，品牌营销

2016 年以前，农大农场生产的稻米全部被当地米业有限公司作为原粮收购并进一步加工销售。2017 年，陈龙注册了自有品牌，将农场生产的稻谷包装成"郯陈"牌大米进行销售。2018 年获得临沂市姜湖贡米米业有限公司山东省著名商标——"姜湖"商标的授权，实现了"郯陈"商标的延伸。农场扩大加工规模，加工农场生产的稻谷，包装成"姜湖郯陈""姜湖富硒"牌大米，以每千克 6～18 元的价格销售，提升了产品价值，增加了经济效益。

六、重视科技，善于创新

返乡伊始，持有国家二级厨师证的陈龙对于科学种地是个"门外汉"，但他热爱农业，不懂就问，积极参加各类培训班，向农业技术专家咨询学习。2014年，陈龙参加了四川农业大学农业技术与管理专业的大专函授班，获得了大学专科学历证书；2015—2017 年，分别到青岛农业大学、寿光市、江苏省华西村等地参加各类实用人才培训班。在他的带动下，家人也纷纷学习实用农业技术，成为有理论、懂技术的"土专家"。陈龙 2019 年被郯城县农业农村局授予助理园艺师职称。在积极学习农技知识的基础上，他活学善用，自 2014 年开始，逐步引进架设了可视化大田监控系统，购买并应用智能灌溉设备，实现了远程控制浇水作业和大田物联网"智慧农业"。伴随农业技术在农大家庭农场中的使用范围日益广泛，农场实现了对田间作物的远程监控管理。通过将手机 APP 与监管系统相连，可以随时随地了解农场的农业生产作业情况，对保证农场的作业质量、宣传服务效果具有较好的促进作用。

七、多元经营，拓展服务

农大家庭农场在生产经营过程中，为解决周边农户无劳力、无技术的问题，创新经营模式，积极开展针对小农户的农业生产托管服务。同时，农大农场 2015 年开始与当地的农机合作社及具有农业机械和生产技术的个人合作，不断拓展社会化服务覆盖面积。2018 年，提供育秧服务面积达 2 000 亩、插秧服务面积达 900 亩、水稻打药飞防环节服务面积达 1 600 亩、小麦打药飞防环节服务面积达 1 500 亩、全环节托管面积 40 亩。农大农场社会化服务不仅解决了周边小农户面对大市场的难题，而且通过技术培训、标准化生产、吸纳就业、订单收购等模式探索出了家庭农场为小农户提供技术和服务，与合作社和大型大米加工企业联合发展的家庭农场新型经营方式。

八、责任担当，农业扶贫

陈龙在自己致富后，积极承担起对周围困难群众的帮扶工作。面对困难群众和无劳力户，陈龙主动赠与大米等生活物资，在生产环节免费或低成本提供代育秧、机械插秧、植保飞防和作物收获等服务，并帮助解决粮食销售问题。2017年，当地小麦大面积暴发条锈病时，农场不仅将自己托管服务的小麦及周围群众的小麦完成了防治，还联合有无人机的朋友，组织 15 架无人机远赴河南参与小麦条锈病的防治攻坚，不收服务费用，只为减缓农民灾情，得到了当地高度赞扬。

河北石家庄市藁城区国奇农兴家庭农场：

创出品牌占市场　开展服务增效益

■ 导　读

　　粮食类家庭农场结合自身条件，在做好农场经营的同时，为周围农户提供农业社会化服务，进行产品深加工，创造更多盈利点是其实现稳定发展和持续盈利的重要途径。本案例阐释了粮食类家庭农场如何通过一系列创新活动，获得稳定的经营收入。**一是组织模式创新。**农场利用平原地区特有的"机井组织"①，开展统一种植服务，机井组织代表与农场签订生产协议，由农场负责统一采购农资、耕种和防疫。**二是利益联结机制创新。**农场与机井组织代表签订生产协议并每亩地收取10元保证金，保证金在统一种植后直接从种子费用中扣除，这种方式一定程度上约束了农户的生产行为。**三是服务形式和内容创新。**农场利用"田间学校"和大喇叭广播站资源，组织农户开展生产活动，提高其种植技术水平。农场为农户提供的生产服务涵盖农业生产的上游、中游、下游三个环节。**四是种植和销售创新。**农场利用当地土壤富含硒元素特质，种植富硒谷子和小麦，对产品进行深加工并注册"三河一道""藁南黄金"两个商标进行品牌化销售。

---

　　① 机井组织是指平原地区以机井为单位形成的农户组织，平均一个机井组织能覆盖6～7户农户、50～60亩土地。

■ 案例介绍

国奇农兴家庭农场位于河北省石家庄市藁城区梅花镇南刘村。这里土地肥沃，多年来以种植小麦和玉米为主。近十多年来形成的梅花镇马庄村小米加工市场，成为华北地区第一大小米市场。农场由李国奇于2015年创办，家庭成员5人，共流转土地280亩，主要种植粮食，生产富硒小米、紫麦、玉米面粉等，先后被评为市级和省级示范家庭农场。2012年，从事制糖行业的李国奇看到未来农业将充满机会，便流转了100亩土地种植小麦和玉米。得知家乡梅花镇一带土壤富含硒元素，便转变种植结构，在富硒农产品上做起了文章。李国奇依托临近马庄村小米加工市场的优势，种植"藁优2018"强筋麦和"张杂谷"谷子。与周边农户签订合同，发展订单农业，带动周边建立了3个家庭农场。农场通过滚动发展，建设了900平方米仓储间、1 300平方米晾晒场和产品包装间，逐步添置了联合收割机、大型拖拉机、自走式12米打药机、播种机等10多台现代农业机械设备，耕、种、防、收全部实现了机械化作业，不仅满足了农场自身需要，还能为订单农户和周边群众提供社会化服务。李国奇2016年担任石家庄市新农村大喇叭村级服务站站长，2017年被评为藁城区"最美创新农民"。农场通过不断更新经营管理理念、生产技术和经营品种，优化种植模式，树立产品品牌，发展农业旅游，综合实力持续增强。

一、制定规章制度，确保规范管理

为了加强农场的规范化建设，先后制定了《农业生产投入品管理制度》《财务管理制度》《农机员管理制度》《小麦生产技术规程》等各项规章制度，规范生产记录和财务收支记录。例如，通过台账对农资采购、产品销售和社会化服务等进行详细记录，确保了产品高产安全，农场运营平稳高效。

二、实行"五引""三新"，提升经营水平

农场实行"五引""三新"发展理念，分别是引进人才、引进技术、引进专

家、引进管理、引进制度，新科技、新模式、新农业。例如，通过与河北农业大学、河北省农科院建立长期合作关系，聘请相关专家定期到农场指导生产和经营，在专家的指导和帮助下，农场不断更新经营管理理念，应用先进生产技术，选择最新经营品种，做到了紧跟科技发展，紧追市场需求，步入了规范化发展的良性轨道。

三、创新种植模式，提高种植效益

在种植过程中，创新"三减一培一增"模式（减水、减肥、减药、培肥地力、增加收入）和"雨养"模式（种肥同播、播后雨养的模式），每亩节约成本近百元，增加产量 100 千克，两项新模式实现节约成本、增加产量，每亩可增加收入 500 元。农场创新了黄豆"飞防"管理模式，药液喷洒均匀效率高。

四、发展富硒农产品，打造特色品牌

农场立足藁城区梅花镇一带得天独厚的富硒土壤优势，把发展富硒系列农产品作为主营方向。2017 年 1 月，分别注册了"三河一道""藁南黄金"两个商标。把小麦和谷子委托给面粉厂、碾米厂加工，实现自产自销，利润翻了近一倍。同时还委托酒厂和面粉厂加工小米酒、小米面，酿出的小米原浆酒好喝不上头，做出的小米面粥润滑易吸收，营养价值远高于玉米粥。农场生产的藁优强筋麦每千克价格比一般小麦高 0.4 元。由于"张杂谷"产量高、口感好又富含硒元素，市场销路顺畅，"三河一道"优质紫麦年销售量 6 万千克、"藁南黄金"系列富硒小米产品年销售量 4 万千克。富硒小米、紫麦、玉米面以有机和功能营养为特色，深受市场欢迎，农场年增加收入逾 20 万元。

五、通过"农业十旅游"模式，拓展农场功能

随着都市旅游农业的发展，农场结合自己的种植优势和市场需要，充分利用紧邻省会石家庄的城郊优势，开始尝试发展"农耕体验"。游客可将指定地块托管给农场，也可以自己管护。游客们多数是一家老小，在周末和节

假日自驾过来，不仅能体验农耕乐趣，还可以品尝购买农场的绿色生态健康食品。

六、开展生产性服务，增加经营收入

经过几年发展，农场形成"农机＋农技＋农托＋农化＋农资"的"五农"经营模式。在已满足农场生产需求的基础上，2018年新购买两台大型机械设备，其中玉米收获机为周边256户农户收割玉米，作业面积达1 500亩地，每亩为农户节省成本30元。因为作业效率高，保证了在多风雨的秋收季节及时收获，赢得了农户赞许，农场净收入也增加了7.5万元。另外，所购大拖拉机为农户提供高标准深松土地1 000亩、低标准深松土地1 000亩，农场创收6万余元。

七、推广新技术新品种，带动农户致富

在河北省农科院的指导下选择种植新优品种，做到"人无我有，人有我优"。例如：谷子种植，选择"张杂谷"新品种，该品种产量高，碾出的小米口感好，不愁销路。除了农场自己种植外，还按照"订单农业"的模式，向周边农户、家庭农场推广新品种、新技术，带动周边100多农户、3个家庭农场和8个种植大户共同致富。

八、探索循环农业种植模式

农场根据自身情况适当发展循环农业种植，2018年分别试种了10亩红薯和花生，利用当地各种养殖场无害化处理过的牛粪、羊粪、猪粪来替代化肥，探索发展绿色循环农业。虽然目前种植面积不大，但市场前景不错。例如，2018年种植的有机花生投入市场后，因品质优良，很短时间内就被抢购一空，为下一步扩大种植增强了信心、积累了经验。

九、以技术服务带动农户发展

农场提供高产种植技术、病虫害统防统治技术，当地农户可免费或者以成本价使用。充分利用"田间学校"和大喇叭广播站优势，组织农民开展现场观摩活

动，让广大农户了解新品种，掌握新技术，树立市场观念，学会农产品营销方法。除了提供技术服务外，农场还为农户集中采购种子、化肥和农药等农资，在降低农户生产成本支出的同时，还可以根据农户使用时间把化肥、农药等物资送到田间地头，受到了农户欢迎。

山东济宁市兖州区向阳花家庭农场：

规模经营多元化　休闲观光绿色化

■ 导　读

　　向阳花家庭农场探索和践行了一条粮食生产经营规模化、绿色化、品牌化和多功能化的发展道路，取得了良好的经济和社会效益。向阳花家庭农场的以下几方面经验值得具备类似条件的家庭农场借鉴：**一是经营规模适度，多元经营与优化结构。**农场连片流转了 360 亩耕地种植粮食作物，全程配置农业机械，实现粮食生产降本增效；对外提供生产性服务，充分利用机械能力增加经济收入；发展订单农业，根据市场行情调整种植结构和合作对象，稳定种粮收益；大力发展特色设施农业增加效益。**二是创办休闲观光农业，注重品牌与宣传。**农场利用城郊地理优势和条件，创新性开办了"一分地"市民菜园，强化服务质量，为城市居民提供种植、采摘瓜果蔬菜和休闲娱乐服务，不仅获得了稳定的收入，还广泛宣传了农场口碑，实现了社会效益和经济效益的有机结合。**三是重视科技应用，坚持绿色种植理念。**坚定走绿色有机之路，农场积极学习农业新技术、新方法，在农业生产中坚持绿色种植理念，减少农药施用，获得了绿色食品认证，实现了农场高质量、可持续发展。

■ 案例介绍

向阳花家庭农场位于山东省济宁市兖州区新兖镇大南铺村，成立于 2013 年 10 月，2015 年 2 月在兖州区工商局注册，经营范围为农作物种植及研发。目前农场经营土地面积 460 亩，主要从事粮食、蔬菜种植和休闲观光农业，其中绿色蔬菜种植面积 100 亩、大田作物种植面积 360 亩，年经营收入 200 多万元，利润 30 多万元。农场先后被评为"济宁市示范农场""省级示范农场"；农场主马兆文先后荣获"济宁市劳动模范""省级劳动模范"等荣誉称号，2017 年 1 月当选为兖州区人大代表。

农场坚持"绿色、生态、有机"的发展理念，通过不断学习新技术，引进新品种，开发新模式，严格管控生产过程，积极对外宣传推广，逐步发展成为当地家喻户晓的"菜篮子"和"果盘子"。

一、坚持适度规模，平稳发展

农场通过多年的探索与比较发现，当前 460 亩的经营面积既有较好的生产规模效应，同时人工、机械等成本也刚好在可承受范围之内，是最适合自己的适度规模经营面积。农场拥有包括联合收割机、播种机、拖拉机、自走式打药机等在内的农业机械设备 12 台套，还有专门的晾晒场和仓库，整个生产过程基本上都能用自己的机器完成，耕种收可节省 80 元/亩。同时，农场也会为附近农户提供外包服务，增加收入。

在种植玉米时，农场根据多年的种植经验，通常会选择多个品种来控制风险，并采用更加均匀的机器播种，这样种出的玉米不易倒伏，产量可达 650 千克/亩，高于周围农户。收割的秸秆用机器打成 5 厘米左右后直接还田，能够为来年作物生长提供养分。

二、发展订单农业，稳定收入

农场与本地企业如今麦郎、兖州种业等都有稳定的合作关系，按照企业要求生产和出售。2018 年厂家提供品种济麦 22 号，产量达到了 550 千克/亩，收购价 2.5 元/千克，高出市场价 0.2 元/千克。2019 年农场还会根据小麦品种和收购价格选择合作企业。采取订单农业的方法使得卖粮不愁，收益来源稳定。

三、加强设施建设，节本增效

农场目前有冬暖式大棚 35 个，其中 30 个主要种植羊角蜜甜瓜、哈密瓜等优质瓜菜，并开展瓜菜育苗，还配套完善了办公和仓储设施。在瓜果蔬菜种植区铺设了喷灌、滴灌设施，不仅省水还管理方便。同时硬化了田间主干道 1 600 米，并架设了 WIFI 和摄像头，安装了农业物联网系统。另外建有 1 座 100 立方米的沼气池，将菜渣和废渣废物利用，做到了高效且环保。

四、注重科技转化，高质高效

在刚开始种植瓜果时，马兆文购买了别人的瓜苗，但成熟之后发现这并不是自己需要的品种，这使得她决定学习育苗技术，购买种子自己培育瓜苗。由于缺乏经验，第一次育苗失败了，但马兆文没有放弃，在自己的不懈努力下，第二次育苗成功。随后她不断摸索经验、改进技术，在一年中成功地种出了两茬瓜果。每年的第一茬在正月初六开始播种，5 月底陆续成熟上市，随后再种第二茬瓜果，并错开种植时间，每 5 个棚一批，避免集中上市压低价格。目前一亩地一茬能产瓜果 3 000 千克，每千克能卖 10～12 元，高出市场价近一倍。同时马兆文仍在不断摸索，寻找市场接受的新品种，扩大种植面积，2019 年能取得更大的收益。

五、践行绿色农业，优质环保

马兆文积极学习农业新技术、新方法，外出考察引进新品种新模式，了解国家惠农政策，积极发展高效、绿色、有机农业。农场从产品源头抓起，以腐熟的大豆果实为基肥，用粘虫板、太阳能杀虫灯等生物物理方法防治害虫，全程人工除草，不打除草剂等农药，确保生产的蔬菜瓜果绿色健康，不含农药残留。如果必须使用农药，也会在消费者的微信群里通知，等过了农药有效期，农残检测合格后上市。农场专门建立了大棚农产品生产记录档案，做到每天的生产工作都有据可查，同时与当地农业农村局密切合作，邀请专家来农场进行技术指导。

六、创办休闲农业，多元经营

农场东邻经济开发区，地理位置优越，交通便利，发展绿色瓜菜生产、休闲采摘农业、市民菜园具有独特优势。2015年，向阳花家庭农场规划建设了30亩"一分地"市民菜园租赁给会员，一亩地平均分成8份，每份每年租金800元，当前有会员70余人。菜园采取土地租赁、托管和半托管的方式进行经营，菜熟了会通过微信通知，会员随时可以到自己的菜地采摘。这不仅激活了农场的发展，也为市民增加了一处农业休闲、采摘、科普的好去处。

七、开展多样活动，打造品牌

一方面，农场不断创新经营模式，开展多种多样的宣传活动，全方位拓宽销售渠道。2014年，在瓜果成熟的时候，农场举办了第一届吃瓜大赛，吸引了附近的乡亲、城里的小朋友和家长、培训班的同学和农业局的专家等前来参加。活动产生了很好的广告效应，当天即销售甜瓜2 500余千克，8个大棚的甜瓜不到一星期被采摘一空。此后，农场根据经验又举办了两次吃瓜大赛，而且每年还定期举办扒土豆、扒花生等活动，效果显著。此外，农场每年的瓜果5—9月都采摘不断，迎来了摄影协会的专家参观拍摄，走出了一条农业与艺术相结合的宣传道路。另一方面，农场注册了"马兆文"蔬菜、"纹纹蜜"哈密瓜等品牌商标，通过了绿色食品认证，并着力提高甜瓜、哈密瓜等产品品质，期望打造出属于自己的瓜果品牌。外县农业农村局也经常组织农户到农场学习种瓜技术和"一分地"经营模式，进一步扩散了农场的示范效应。农场主感慨，以前不知道什么是品牌，经过多年的实践摸索，现在终于明白了品牌效益的好处。

八、承担社会责任，农业扶贫

农场成立后，马兆文主动和村里的6个贫困户联系，请他们到农场帮忙，工作时间很少但仍支付正常工资，同时也想方设法帮助他们摆脱贫困。在全国扶贫日、中秋节、春节等重要节日，她还带着米面油为贫困户送去温暖。农场还为本村及周边村庄免费培训5 000多人次，推广了绿色农业生产技术，促进了种植效益的提高。

河南夏邑县王飞家庭农场：

科学搭配种植品种　实现四季稳定增收

■ 导　读

　　王飞家庭农场通过科学搭配品种、立体生态种植、精细无害管理，探索了一条四季稳定增收的新路子。这个案例表明，家庭农场要想分散经营风险、提高效益，应具备以下几要素：**一是丰富产品结构，通过引入适销对路的品种促增收。**王飞家庭农场在流转经营的 230 亩土地上引进了桃、李、杏、梨、猕猴桃、西梅、火龙果等 14 个优、特品种，果品新、全，错时上市，产品优质优价，每亩净效益达 5 000 元。**二是重视产品质量，通过绿色环保科技促增收。**农场在经营过程中，坚持绿色种植理念，采用轮休模式，实施节水增温，开展农业防治，实现绿色环保促增收。**三是加强渠道建设，通过现代营销促增收。**农场通过与网约车平台合作，利用往返周边城市的空车代运新鲜水果；通过与京东公司合作生鲜次日达业务，保障给消费者提供新鲜、高品质产品。**四是加强多方协作，带动群众齐增收。**农场通过与农广校合作，既及时更新自己的技术，又将经验传授给千万个农广校学员；通过流转贫困户土地、吸纳贫困家庭劳动力、与周边农户达成的稳定合作关系，将质量合格的产品纳入农场品牌统一销售，带动周边农户共同致富增收。

■ 案例介绍

王飞家庭农场位于河南省商丘市夏邑县刘店集乡徐马庄村，由"80"后农民王飞于 2012 年创办。农场以发展生态休闲农业为主，现经营果树温室大棚 14 个，露地梨树 80 亩，露地晚黄桃 70 亩，苹果、猕猴桃 35 亩和一些优质瓜菜、杂粮作物，共流转耕地 230 余亩。农场主王飞在生产实践中，探索出"一年四季有活干，一年四季有钱赚"的经营模式，亩均效益 3 万元以上，最高达到 5 万元，每年纯收入百万元以上。

王飞家庭农场所在的刘店集乡有耕地 4 万余亩，乡政府利用其便捷发达的交通条件，带动农民积极发展蔬菜生产。刘店集乡现有蔬菜大棚 1 万余亩，规模在 100 亩以上的农场接近 30 个，逐渐发展成为河南省乃至全国知名的蔬菜供应地。王飞家庭农场能从众多农场中脱颖而出，主要有以下几个要素：

一、利用地域优势，明确经营主题

1999 年初中毕业的王飞先后在江苏省毛衣厂、电瓶车厂打工。2004 年春节，王飞看到了当年的中央 1 号文件，认为国家政策好，发展农业大有前途，决定不再外出打工，留在老家发展高效蔬菜种植。起初，王飞在家乡建了两个占地 3 亩的塑料大棚，但收益不太理想。为提高效益，他参加县农广校举办的培训班，学习大棚蔬菜栽培技术，每亩大棚的年效益达到 1 万元左右。紧接着他又扩大了生产规模，新建了 4 个占地 8 亩的塑料大棚，由于种植结构单一、市场把握不准等诸多问题，农场经济效益明显下滑，产品面临转型升级。2012 年，王飞在农广校老师的指导下，发现可利用徐马庄村靠近城区的优势，通过流转土地建立家庭农场，在原有蔬菜大棚的基础上搞果树种植，能够很好地满足都市群体的采摘体验需求。于是，农场流转土地 230 亩，改变过去单一蔬菜大棚的形式，实行果蔬大棚、露地种养、生态育苗等多种生产模式相互搭配，形成了以生态休闲农业为主题的综合农场。

二、科学搭配品种，抢占"高价位"市场

为提高效益，农场科学搭配品种，控制瓜果蔬菜的规模和成熟的时间节点，错开上市时间，合理安排用工。做到了农场四季飘香，不同的季节有不同的花景和水果，果蔬销售从每年的 2 月份可一直持续到年底，实现了经营效益的最大化。王飞还经常外出学习，通过不断更新理念、掌握最新技术，提升农场经营水平。2010 年他和妻子参加春季河南省农广校中专班，系统学习现代种植技术和经营管理知识。此外，还经常外出到农业高科技示范园参观学习新技术。在种植技术遇到问题时，他及时邀请农广校老师现场指导大棚杏树修剪和管理。通过培训、外出考察和老师的跟踪服务，农场发展越来越好。目前，农场在春节前后有大棚蔬菜上市，5 月有大棚杏上市，6 月有大棚葡萄和露天的各种水果上市，10 月有黄梨上市，全年季季有鲜果，每季都能有收入。各种水果成熟期的错开减少了集中用工量，同时利用冷库储存避免了果品集中上市，不仅减少了劳动成本，还抢占"高价位"市场增加了经营收入。

三、立体生态种植，保障"优质优产"

家庭农场要取得持续收益必须用现代科技来武装，走绿色种植的发展道路。王飞家庭农场在经营过程中，坚持绿色种植理念，在果树苗棚内实行蔬菜、果树间套作，实现立体种植，解决了果树苗期无收益的难题；在蔬菜大棚内采用适度的轮作、轮休模式，既解决了蔬菜的连作障碍，又实现了土地的可持续利用；精选桃、杏、梨、葡萄、火龙果、西梅和猕猴桃 7 大类 14 个品种，采用嫁接等栽培技术，实施节水增温管理，实现了生态、绿色、环保发展，保障了优质优产。目前农场的大棚杏采用野生毛桃作为砧木嫁接金太阳杏，结出来的果实个头大、味道甜、风味独特，既有杏的味道，又有桃的个头。由于是大棚内种植，整个生长期不用喷洒农药，受到消费者的欢迎。每年从开花时期就开始接受预订，还没等到五一上市，就已被抢订一空。大棚葡萄采用无公害绿色管理方法，多施生物有机肥，整个生长过程不喷洒农药，结出来的果粒上色均匀，糖度高，成熟后可以挂果一个多月。葡萄 6 月中旬上市后，每千克可卖到 16 元以上，每亩效益至

少在 4 万元以上。露地水果全部种植最新优质品种，增施有机肥，果子个大、色艳、口感好，效益非常不错。

四、开展多方协作，发展现代营销

王飞家庭农场很好地把握了消费者的消费习惯和心理，通过与微商代理人协作，以口口相传的方式，很好地解决了产品销路并实现了优质优价；通过与滴滴、京东、快递公司合作，既减少了运输时间、保持了水果的品质，又降低了产品运输成本；通过与周边农户的协作，既稳定了货源，扩大了产品销量和市场影响力，又带动了周边农户，实现了共同增收致富；通过与农广校的合作，既为自己学习技术提供了保障，又将自己的经验与技术传授给了千千万万个广校学员。

五、开展技能培训，助力脱贫攻坚

从 2014 年开始，农场推行"家庭农场＋土地流转＋贫困户务工＋脱贫技能培训"的扶贫模式。在土地流转上，农场优先流转贫困户的土地，流转费为每亩每年 600 千克小麦，按当年市场价直接支付现金。在技能培训上，王飞建立了"农民田间学校"，对贫困户免费培训指导，帮他们规划、管理和销售。对有技术无资金的贫困户，帮助协调贷款；对没项目的贫困户，免费提供项目、技术及销售支持；对没能力创业、风险承担能力弱的贫困户，安排其到农场打工，定期领工资，目前已与 24 户贫困户签订了劳动用工协议。近几年来，农场先后举办培训班 30 余期，培训学员 3 000 余人次；同时还接待省内外贫困户学员 100 余批次20 000 余人。

王飞家庭农场先后被认定为"夏邑县现代园区""商丘市示范家庭农场""河南省农产品安全追溯示范点""青少年科普示范基地"。王飞被原农业部、共青团中央评为"全国农村青年致富带头人"，2018 年当选为河南省第十三届人大代表。

天津蓟州区禹道家庭农场：

特色经营谋定位 多元经营增效益

■ 导 读

我国人多地少的基本矛盾短期内无法克服，家庭农场将以中小型为主。小规模农场甚至是微型农场，找准市场定位和特色经营，小农场亦有大作为。天津禹道家庭农场是"小而精农场"的优秀代表。本案例阐释了家庭农场如何结合自身优势走出一条"特色经营"之路。**一是生产有特色**。农场与天津市农科院进行合作，引进紫色系列蔬菜品种，特别是通过种植荷兰高端蔬菜——菊苣，创造出良好的经济效益。农场种植的蔬菜达到几百个品种，极大拓宽了消费者选择空间。农场用有机肥替代化肥，用物理手段代替农药防治害虫，通过有机种植保障了蔬菜品质，得到了消费者认可。**二是销售有特色**。首先是以销定产。在蔬菜种植之前就与会员进行沟通，了解客户需求和消费偏好，根据客户订单确定种植品种和数量，克服了种植盲目性。其次是建立客户档案。详细掌握会员的消费偏好，从细节入手抓住消费者。另外通过多元化经营，减少经营风险。农场在销售时令蔬菜的基础上，开发出蔬菜沙拉、盆栽蔬菜、礼品蔬菜等特色产品，通过与当地小学合作创建农业科技教育基地等多种经营增加农场收入。

■ 案例介绍

天津市蓟州区禹道家庭农场成立于 2015 年，农场种植面积 15 亩，实行订单式销售模式经营，根据客户的需求订制各种蔬菜。农场配备先进的水肥一体化滴灌系统、自动喷淋系统、温控排风系统和降温设施。禹道家庭农场成员由王俞、王永胜（王俞父亲）、张会凤（王俞母亲）组成，农场成员分工明确、职责清晰。农场经营人员先学习岗位工作知识再进入实际操作，既加快了农场生产速度，又节约了生产成本。2015 年农场初试种植养心菜、非洲冰草、荷兰马齿苋、观音菜、田七、番杏菜、京水菜、红枫生菜、芜菁、恰玛古等 20 余种特菜，到 2018 年农场蔬菜品种已经由原来的几十种发展到现在的 300 余种。农场既有普通市场上常见的蔬菜，又有营养价值较高但是未在市场上广泛食用的特种蔬菜，还有针对特殊需求人群的功能性蔬菜。这些蔬菜不仅给人们的生活提供了高营养的蔬菜食材，更给农场经营者带来了可观的经济收入。在几年的实践探索中，农场摸索出了一套以蔬菜种植、包装、配送为一体的经营模式，能够保证采摘的蔬菜以最短的时间配送到消费者餐桌上。

在经营模式上，农场走出了自己的特色道路，在探索中前进，在失败中寻求突破，敢于挑战，始终高度重视产品品质的提高，时刻关注客户的需求。

一、明确农场分工

为了更好地开展农场的经营活动，王俞对工作进行了分工，实行科学管理，建立了生产部和市场部。王俞的父母负责蔬菜生产，并对质量安全把关；王俞除负责农场主要工作外，还根据自身优势，具体负责开拓客户和家庭配送。王俞从生产中解放出来后，将主要精力放在了吸引客户上，通过打造农场优良环境，吸引客户到农场参观、采摘。同时利用节假日组织各种主题活动，在活动中讲解蔬菜生长过程、营养价值和食用方法。这样的销售模式不但让客户亲近了大自然，帮助他们增长了农业知识，还丰富了农场的经营内容。几次活动令农场的会员增加到了 50 余个家庭。农场把每个家庭每年想吃的蔬菜逐个排产进行种植，蔬菜采收后直接用快递发送到客户家里，不但客户能吃到新鲜的蔬菜，也为农场带来了可观的盈利。

二、以市场为导向

农场成立后流转了 15 亩地，家庭成员经过讨论后决定尝试种植价格较高的 15 个蔬菜品种，没想到收获时却有价无市，产品成熟后不能及时售出。损失倒逼经营思路的转换，农场决定调整蔬菜种植品种，采取直供模式，定向供给消费者。在经营发展过程中，农场时刻关注客户的需求，始终高度重视产品品质，走出了自己的特色道路。

三、创新管理模式

农场在经营管理中遵循"一个中心两个涵盖"，即以农场的创新发展为中心，涵盖不断提升蔬菜种植技术，涵盖农耕文化与观光相结合，保障农场能够持续稳定发展。以农场的创新发展为中心，主要是在经营管理中集思广益，坚持发展思路与消费需求相结合，总结出最佳的实施方案，每一个细节都不可忽视。农场坚持以言行一致、言出必行、知行于信为准则，任何涉及农场发展方向的思维、思路都要经过严格调研，仔细论证。蔬菜种植是劳动和技术密集型产业，既辛苦又有风险，每一个细微的决定都会影响到下一个环节，因此每个农场成员都要对自己承担的工作负责。同时，农场把农业知识与农业文化、旅游相结合，实行集蔬菜种植、销售、宣传、科普农业知识为一体的综合性经营模式，让更多的人能够了解蔬菜生产，培养珍惜劳动成果、爱护家园的意识。

四、加强产品研发

一是开发礼品蔬菜。2018 年农场开始探索订制礼品蔬菜，精心设计包装箱，采用保鲜膜、保鲜纸将蔬菜密封，按每箱蔬菜 8 个品种，4 千克左右进行分装，满足消费者送亲友、送客户、送同事的需求，得到了客户的认可。二是开发沙拉蔬菜。主要涉及十几种适合生吃的蔬菜，经过合理搭配装成一小盒，再配一袋沙拉酱，开袋即食满足现代素食人群和家庭的高端消费需求。三是开发盆栽蔬菜。通过精细管理，将蔬菜移植到花盆里，让蔬菜在花盆里生长成熟，客户可以在家庭闲置空地养上几盆盆栽蔬菜，既赏心悦目，又能在家里体验采摘的乐趣。农场目前培植盆栽蔬菜 100 多个品种、3 000 余盆，每年都有客户和游客到农场游玩时顺便带上几盆。通过不断开发新产品，满足了不同客户的需求，农场赢得了更高的经济收益。

五、树立品牌形象

农场注重加强品牌策划，利用节假日组织各种主题活动，吸引 50 多个家庭参与进来。按照每个家庭需求，逐个安排生产计划，种植相应产品，蔬菜采收后直接用快递发到客户家里。从产品生产到及时配送，从产品数量到产品质量，从客户认可到问题解决，农场本着真实、迅速、负责、担当的理念守护"禹道"蔬菜品牌的形象。随着农场品牌知名度不断提高，"禹道"蔬菜已经是很多家庭、客户的首选，获得了可观的收益。

禹道家庭农场自成立以来共引进新鲜蔬菜品种 300 余种，采取优胜劣汰策略，大部分新鲜蔬菜品种通过宣传、品尝都已经被消费者认知。2018 年农场总收入达到 45 万元，净利润 20 万元。农场同时建立种植技术培训场所，培训指导周边种植户 100 余户，参与蓟州区上仓镇精准脱贫项目，帮扶精准脱贫户 8 户。

青海大通县宝丰家庭农场：

实行麦豆轮作 经济效益和生态效益双丰收

■ 导 读

如何实现小农户的提档升级，实现小农户与现代农业的有机衔接，是我国农业发展面临的重大问题。这个案例表明：有能力有意愿的小农户，完全可以在市场引导、政府扶持下，稳步扩大经营规模，发展为家庭农场，并取得良好的经济效益和生态效益。具体如下：**一是探索适度规模，不搞盲目扩张。**家庭农场的培育和发展，应当坚持市场机制的引导作用，切忌人为"垒大户"。农场主鲁宝文一直从事农业生产，2010年开始流转土地，根据经营效益，逐年扩大经营规模。**二是因地制宜发展，注重生态保护。**以蚕豆作为规模种植的突破口，坚持了当地的传统；引进陵西一寸蚕豆品种、蚕豆覆膜栽培技术等，提高了蚕豆的产量；实施麦豆倒茬轮作，既实现了生态的保护，又提升了产品的品质。**三是政府市场结合，激发内生力量。**政府部门组织的培训在新品种、新技术的成功引进中发挥了关键作用。订单农业的发展则展现了市场的引领作用。政府扶持和市场引导的有机结合，激发了宝丰家庭农场的内生力量，促进其由小农户发展为青海省示范家庭农场。

■ 案例介绍

宝丰家庭农场位于青海省西宁市大通县城关镇柳树庄村，2013年9月登记注册，注册登记类型为个体工商户，是大通县第一个家庭农场。家庭农场主要种植蚕豆、小麦等，种植面积达450亩。农场主鲁宝文，高中文化，一直从事农业生产。家庭农场主要劳动力是鲁宝文夫妇二人，除了季节性雇工外，没有常年雇工。经过5年多的发展，宝丰家庭农场现拥有各类农机具14台，其中拖拉机4台、播种机5台、筛选机1台、微耕机2台、机动喷雾器1台、电动喷雾器1台，基本实现了机械化作业。

宝丰家庭农场自成立以来，按照科学的生产规范和种植技术规范，调整产业结构，实行倒茬轮作，注重机械化耕作和新品种引进，认真履行订单约定，逐步实现集约化生产和适度规模经营，取得了显著的经济效益和生态效益。

一、流转土地，稳步扩大规模

鲁宝文自家承包地有8.5亩。2010年，鲁宝文流转本村土地25亩，试种蚕豆、豌豆，当年获利一万余元。2013年9月正式登记注册了大通县宝丰家庭农场。自2013年至今，农场根据自身经营收益情况，逐年扩大经营规模。为方便生产，便于机械化作业，农场主鲁宝文努力从本村及周边村农户中流转土地。所流转的土地相对集中连片，2018年连片种植面积达到了265亩。目前，农场流转70多户农户的承包地，平均流转价格为600元/亩，种植规模达450亩。

二、更新品种，提升产品品质

家庭农场应当进行何种农业经营，成为多年来困扰家庭农场培育和发展的难题。大通县城关镇本地有种植蚕豆的传统，当地蚕豆品种虽然亩产较高，约为250千克/亩，但是品质一般、价格便宜，约为4.4元/千克。2014年，农场主鲁宝文参加了在甘肃省张掖市举办的为期一周的培训学习，了解到陵西一寸蚕豆品质好、售价高。当年，在县农业科技部门的指导下，从青海省农林科院引进了陵西一寸蚕豆，从而解决了当地老品种蚕豆品质差、价格低的问题。陵西一寸蚕豆的销售价格是当地品种价格的2.3倍，为10元/千克。2017年，通过大通县科技局组织，农场主鲁宝文又参加了在陕西省杨凌区举办的为期十天的培训，掌握了黑大麦种植的基本情况，并再次成功引进种植。两次新品种的引进，极大提高了家庭农场的产品品质。

三、革新技术，提高生产效率

2014年，在引进陵西一寸蚕豆新品种的同时，农场还从新疆引进蚕豆覆膜穴播栽培技术。新品种与新技术的结合，产生了明显的经济效益，当年试种150.5亩，亩均产量达到185千克。为了进一步提高产量，农场加大机械设备的购置力度，在实行机械化耕地、机械化收割后，2017年又投资2.24万元购进2台蚕豆覆膜点播机。点播机的利用不仅使播种工序省工省时，而且还不需要田间除草，减轻了田间管理的劳动强度，实现了半精量播种，亩播种量保持在20千克左右，比常规播种节约蚕豆种子5～8千克。另外，点播机播种均匀，深浅一致，出苗整齐，特别是覆膜后有效提高了地温，促进蚕豆提前发芽生长，蚕豆花期提前，可以躲开当地暑天高温干旱天气，减少蚕豆植株开花后的落花落荚，可有效增加蚕豆产量，2018年蚕豆亩产达300千克，超过了当地品种的亩产量。同时，新技术比人工播种亩均节省成本85元，大幅降低了成本。

四、订单销售，保障经营收入

从2016年开始，家庭农场积极发展订单农业生产，种植的陵西一寸蚕豆与青海省农林科学院签订回收合同，生产的蚕豆按每千克10元全部回收；在种植黑大麦后，与西北高原生物研究所签订回收合同，黑大麦作为研究所制作保健口服液的优质原料，在生产当期即被全部回收，实现了100%的产销量。订单农业的发展，促进了农业集约化生产、规模化经营，推动产业向市场化、商品化生产方向发展，保证了家庭农场在激烈的市场竞争中保持长期稳定经营，极大提高了农场的经营收入。2017年宝丰家庭农场纯收入为26万余元，2018年提高至43万余元。

五、倒茬轮作，注重生态效益

为保护土壤生态环境，提高作物产量，农场安排禾本科的小麦、黑大麦和豆科的蚕豆、豌豆进行轮作倒茬，在提升作物品质的同时，保持、恢复、提高土壤肥力，改变杂草生态环境，抑制病菌生长，有效防止了作物病虫草害，维护了生态环境。2018年，农场种植蚕豆、豌豆、黑大麦等作物450亩，其中种植豆类作物310亩、麦类作物140亩，基本实现麦豆作物轮作。农场真正实现了经济效益和生态效益双丰收。一方面积极探索农业专业化经营，注重新品种新技术引进，运用绿色科技，做到化肥、农药零增长，有效落实了青海省提出的化肥农药减量化直至零使用行动；另一方面生产绿色产品，通过不断提升农产品品质及附加值，实现了农场产品质量和效益双提升，走出了一条绿色种植的新路子。

六、示范效应，带动周边农户

由小农户稳步发展而来的农户家庭农场，对小农户而言是更好的学习榜样，因此示范效应极强。2014年，陵西一寸蚕豆和蚕豆覆膜穴播栽培技术的成功引进，打破了柳树庄村及周边群众种植蚕豆只认当地老品种的观念和传统的无膜撒播种植模式，周围的小农户纷纷跟进。自2015年开始，柳树庄村及周边村的农户开始采用新品种、新技术。同时，农场采取"家庭农场＋小农户"的模式，进一步加强与小农户的合作，通过一户带多户、多户带一村来发展农业产业化，带动周边农户致富。通过产前预先提供蚕豆良种、产中提供技术指导、产后实行蚕豆品质的严格筛选以及农场农户的联合订单销售，农场带动周边40多户农户从事蚕豆产业生产，种植规模达105亩，提高了农户收入，户均增收2 000余元。"家庭农场＋小农户"模式，一方面解决了农场经营规模受限的问题，进一步促进了农地的适度规模经营；另一方面促进了小农户与现代农业的有机衔接，提高了小农户的收入。

吉林永吉县张全家庭农场：

产销一体提效率　提供服务增收入

■ 导　读

　　吉林省吉林市张全家庭农场探索和践行了一条粮食产销管理为一体的发展道路，取得了良好的经济和社会效益。本案例阐释了稻米生产与销售为一体的家庭农场如何通过高效管理，逐渐提高市场竞争力。**一是注重品牌化建设，提高市场影响力。**张全家庭农场实行机械化、规模化、标准化生产，充分利用本地稻米生产的优势，坚持品牌化经营，现已注册"星星哨""昌都"等多个品牌，其中"星星哨"被评为吉林市知名商标，深受消费者信赖。**二是实行绿色化生产，保证粮食品质。**张全家庭农场积极向当地农技人员学习，掌握粮食生产的科技应用能力，坚持绿色生产和优质优价，实现农场经济效益与生态效益双丰收。**三是提供社会化服务，增加农场收入。**农场为周边村屯农户提供水稻植保、收割等机械化服务。不仅增加了农场收入，还为周边农户解决了水稻生产中面临的耕种收难题。**四是创新经营模式，确保产品质量。**农场逐步流转周边土地，通过构建"公司＋农场""种植＋加工＋销售"全产业链生产经营模式，确保产品质量，实现优质优价。

案例介绍

张全家庭农场位于吉林省吉林市永吉县万昌镇施家村 2 社，农场主张全出生于 1967 年，是当地有名的能人，1989 年从海拉尔空军某部退伍后，多次返乡创业，从事过修车、种苗圃、冷饮批发、打井等，2004 年开始从事粮食加工，2014 年延伸到粮食种植，注册登记"张全家庭农场"，逐渐成为当地有名的农场主。家庭人口 5 人，包括他和父母、妻子和女儿，家庭劳动力 3 人。近年来，农场通过构建"公司＋农场"全产业链经营模式，实现种植、加工、销售一体化发展，在生产经营过程中坚持"机械化、标准化"生产，推动"规模化、集约化"经营，重视"绿色化、品牌化"发展，"六化"持续焕发活力，农场生产经营和服务水平日益提升，经营收入不断增加。

一、坚持机械化、标准化生产，打造农场核心竞争力

农场种植规模扩大后，不能再单纯依靠人力畜力耕种，需在机械化上想办法、谋出路。张全早年在部队从事空军地勤工作，掌握了修理机械的本领，对农机修理具有一定研究。在学习国家惠农政策后，农场依靠财政项目补助和自身积累，先后购置了育苗土烘干机 1 台、钵盘全自动播种机械 1 套、钵盘插秧机 2 台、筑埂机 3 台、大型联合收割机 4 台、拖拉机 7 台、旋耕机 2 台、植保无人机 8 架、水稻烘干机 9 台，建成自动控温智能大棚 26 栋。家庭农场水稻生产实现了育秧、整地、插秧到田间管理、收获等环节的全程机械化，水稻耕种收综合机械化率达到 100%。据当地农村经管部门负责同志介绍，张全家庭农场水稻全程机械化后每公顷能节约成本 3 000～4 000 元。同时，农场主动向农技专家、高校教授学习，在育苗、种植、管理、收获、病虫害防治等方面均制定了相应的标准，确保生产出来的稻谷质量和口感均高于当地平均水平。张全家庭农场坚持机械化、标准化生产，有效降低了生产成本，提升了产品质量，增强了农场市场竞争力。

二、坚持规模化、集约化经营，增强农场可持续发展能力

农场所在的永吉县万昌镇，朝鲜族人口比例高，近些年去韩国务工、经商的

人较多，土地连片流转具备得天独厚的条件。张全夫妇跟农户签订合同时定的租金比当地平均租金每公顷高出 2 000 元，且租金支付及时，因此，很多农户主动上门来流转，农场流转土地没有"插花地"，为规模化经营奠定了基础。农场流转土地的规模由 2014 年 450 亩、2015 年的 2 325 亩，逐渐增加到 2018 年的 4 275 亩，这两年流转规模保持稳定。农场现有的机械和人员完全能够把地种好，并能在周边开展一些社会化服务。同时，农场注重降成本，每台机车都定有生产、费用、油耗等指标，责任落实到每个农机手，农机具的保养维修也都由自己完成。农场在规模化、集约化方面有了很大的进步，并仍在不断探索中，增强了农场可持续发展能力。

三、重视绿色化、品牌化发展，提升产品品质和影响力

在规模化、集约化生产的基础上，农场高度重视绿色化发展和品牌化经营。在种植方面，农场积极申报绿色认证，认证面积达 2 000 亩。在种植过程中严格按照绿色生产标准，采用生态种植方式，肥料使用以有机肥料为主，精准施药减少农药使用量，实现了种地和养地相结合，农业生产与环境保护相协调。同时，农场创新发展模式，2015 年与吉林市可视农业科技开发有限公司合作，投入 30 万元建成可视化生产管理模式，在 3 000 亩绿色水稻生产基地、育秧大棚和稻米加工车间，都安装了摄像头，开发了 APP，让客户在手机上观看生产、加工全过程，实现种植和加工全程可追溯。在营销方面，农场坚持品牌化经营，现已注册"星星哨""昌都"等多个品牌，其中"星星哨"被评为吉林市知名商标，深受消费者信赖。2017 年，农场先后申请注册了微店和公众号，借助网络的优势，采取线上线下相结合的销售方式，拓宽销售范围，营销网络覆盖了国内十多个省区市，农场优质稻米的市场认知度和影响力日益增强。

四、构建全产业链经营模式，有效分散风险确保效益

在成立家庭农场之前，创业屡屡受挫的张全获得人生第一桶金后，创办了一家小型大米加工厂，本着诚信经营、质量为上的经营理念，工厂规模逐年扩大，目前水稻加工能力达到 3 万吨。据张全夫妇介绍，公司发展到 2014 年时，他们

发现，普通农户种植稻谷多追求产量和收益，种植品种多为超级稻，产量虽高但质量参差不齐，加工出来的大米口感也较差；随着消费需求的升级，通过收购普通农户稻谷加工出来的大米越来越满足不了客户对优质大米需求的增长。2014年开始，张全夫妇开始流转周边土地，通过销售、加工倒逼建立种植基地，构建起"公司＋农场""种植＋加工＋销售"全产业链生产经营模式。这种模式，一方面能够通过机械化、标准化、集约化生产，确保产品质量；另一方面能让优质产品卖出优质价格，实现优质优价。

五、开展农业社会化服务，提升农机利用率增加收入

在实际生产过程中，张全家庭农场结合当地实际，积累了诸多生产优质水稻的种植技术，比如水稻钵盘育苗技术、水稻低温催芽技术等。同时为了保证大米品质和口感，采取提前收割的方式，比一般农户收割要早10天左右。利用这一时间差和拥有大量农业机械的优势，农场积极为周边村屯农户提供水稻植保、收割等机械化服务，其中植保作业费每亩7元，收割每亩100元。2018年，农场靠提供机耕服务增加收入30多万元。通过提供农业社会化服务，不仅为农场增加了收入，还为周边农户解决了水稻生产中面临的耕种收难题，推动了小农户和现代农业发展的有机衔接。

六、培养农场接班人，拓展农场发展空间

令张全夫妇感到欣慰的是女承父业，农场后继有人。夫妇二人的女儿张楠楠大学毕业后，于2014年放弃了珠海的工作，回乡和父母一起创业。张楠楠现在很喜欢农场的工作，感觉与在珠海打工相比更自由，更有意义。这些年她先后获得了永吉县十佳青年、永吉县三八红旗手等荣誉称号，多次参加农业农村部门组织的青年农场主培训。她通过培训和考察结识了许多志同道合的人，拓展了视野，加强了交流，彼此共享种植经验、农场管理和农产品营销模式等。目前，张楠楠已经全面接管农场，主动谋划、积极思考，农场发展未来可期。

二、养殖类

甘肃天水市麦积区辉旭养殖家庭农场：

立足服务当地　养出特色与效益

■ 导　读

　　辉旭养殖家庭农场主发挥自身优势，应对了市场风险，立足服务当地，养出了特色与效益。总体而言，这个农场有以下三点启示。**一是农场主应当具有一定的经验、技术、管理和营销能力。**正是农场主张旭斌养殖特色蛋鸡、走品牌化销售之路，加上其父亲基于养殖经验对鸡蛋市场价格走势的预判，才让农场免于遭受重大损失而破产，并保证了盈利水平的持续提高。因此，家庭农场主不应贸然进入一个陌生而又需要投入较多资金的行业。**二是农场规模不宜过大。**过大的规模意味着过高的风险。家庭农场主一般发展资金有限，且难以获得贷款。如果过于追求规模而投入全部资金，一旦遭遇风险而亏损，短期内难以东山再起。不少蛋鸡养殖户因规模过大，鸡蛋价格大幅下滑时，无法承受巨额亏损而被迫退出规模养殖行业。**三是农场主要注重整合各类资源。**农场主要注意整合家庭、社区和社会的各种资源为我所用。辉旭养殖家庭农场有效整合了家人的经验技术、邻居的承包地、城区的生鲜超市渠道、美团网的社区配送网络等，获得了很好的发展。

■ 案例介绍

辉旭养殖家庭农场位于甘肃省天水市麦积区伯阳镇兴仁村，成立于 2014 年 2 月，主要从事蛋鸡养殖和育雏。因带动示范效应明显，辉旭养殖家庭农场于 2014 年、2015 年先后被评为区级、市级示范家庭农场，2017 年又被评为省级示范家庭农场。农场由现年 45 岁的农场主张旭斌及其父亲、妻子三人共同管理，并从本村雇了两名女工。截至 2019 年 5 月底，辉旭养殖家庭农场累计投资近 80 万元，存栏蛋鸡 1.8 万只，其中普通蛋鸡 1.5 万只、特色蛋鸡 0.3 万只，有标准化养殖圈舍 5 栋共 1 900 平方米，另有育雏室两间、冷库一间、饲料加工车间一处，已经注册"嘹呱呱"富硒土鸡蛋商标，年盈利 20 多万元。

辉旭家庭农场立足当地市场，坚持适度规模，积极发展特色养殖，取得了较好的经营效益。

一、子承父业，从事蛋鸡规模养殖

农场主张旭斌高中毕业后，曾长期在兰州运输水果。但赚钱越来越难，而父亲在家搞的小型蛋鸡养殖场却收益很好。和妻子、父亲商量后，张旭斌 2013 年放弃了水果运输，决定继承父亲干了 20 年的养鸡事业，从事肉蛋鸡养殖。张旭斌回乡以后，需要建设圈舍，扩大养殖规模，这就遇到了用地问题。因圈舍的投资较大，为了保持圈舍及养殖的稳定性，张旭斌在镇、村干部的帮助下，以 7 万元/亩的价格，流转了与自己家承包地相邻的本集体成员 3.5 亩土地的承包经营权，并在这些土地上投资 20 万元建设了 1 900 平方米的标准化养殖圈舍。

二、适度规模，积极化解经营风险

农场主张旭斌和父亲商量后发现，家庭农场的养殖规模不能太大，否则管理跟不上，肯定要赔钱，因此他们把自家的养殖规模控制在 2 万只左右。实际上，2017 年当地鸡蛋价格大幅下滑至 4.2 元/千克，并连续几个月低于 6.0 元/千克这一鸡蛋的平均生产成本。辉旭养殖家庭农场虽然也以很低的价格把成年鸡全部出售，但张旭斌的父亲根据几十年的养鸡经验，预估到鸡蛋价格将会很快反弹，因此忍痛在处置成年鸡的同时，从北京峪口禽业公司购进了1.5万只鸡苗。不出所料，鸡蛋市场价格很快大幅反弹，成为"火箭蛋"，价格最高时接近12.0元/千克。此时辉旭养殖家庭农场的鸡已经能够下蛋，刚好赶上了这一波价格反弹。至2018年底，辉旭养殖家庭农场不仅弥补了2017年亏损的10多万元，还赚了20多万元。反观周边很多养殖规模太大的家庭农场，2017年亏损较多，再加上没有应对"鸡周期"的经营意识，最终被迫退出了养殖行业并欠下了不少债。

三、服务当地，坚持特色化品牌化

辉旭养殖家庭农场非常注重服务当地，并努力争取麦积区城乡消费者的认可。农场主张旭斌认为，对较小规模的养殖农场，应当主要服务当地市场，"把鸡蛋卖到外地大城市，不是我们应该考虑的事儿"。2017年，为了提升品牌知名度、满足优质鸡蛋的消费需求，辉旭养殖家庭农场积极将养殖品种从普通蛋鸡向特色化、高附加值的蛋鸡调整，并成功注册"嘹呱呱"富硒土鸡蛋商标。这些品牌鸡蛋进入市区的生鲜超市后，很受消费者欢迎，实现了优质产品高价销售。据农场主张旭斌估计，从成本收益看，2018年养殖1 000只优质蛋鸡的经营收益，大致与3 000只普通蛋鸡相同。看到市场反响良好，2019年辉旭养殖家庭农场又引进优质蛋鸡鸡苗2 000只，形成"特色蛋＋普通蛋"高低搭配的经营布局。

四、主动学习，提高经营管理水平

与普通小农户种植、养殖主要靠经验不同，家庭农场的经营规模更大、风险更高，因此更需要农场主"懂技术、善经营、会管理"。在家庭农场成立之前，常年在外跑水果运输的张旭斌与妻子都完全不懂养鸡，养殖技术方面主要靠其父亲。不过，在成立家庭农场后，农场主张旭斌与妻子不仅积极参加政府部门组织的养殖技术培训，还主动利用手机网络，在中国兽医网、中国畜牧兽医网等专业网站，学习专业养殖技术，咨询育雏和蛋鸡养殖过程中遇到的技术难题。近年来，辉旭农场的蛋鸡养殖技术越来越好，育雏的成活率达到95％以上，而当地其他农户育雏的成活率一般不到90％。不仅如此，农场主张旭斌还积极上网学习营销技术。目前，他正在与网络公司洽谈合作事宜，借助互联网为城区消费者进行订单配送。

五、回馈社区，带动周边农户发展

因为辉旭农场的养殖技术已经在当地具有相当的名气，再加上农场主张旭斌夫妻两人都热情好客，所以周边有很多养殖户都前来寻求技术帮助，也有不少想从事蛋鸡养殖的农户来咨询问题。农场主张旭斌夫妇都给予热情帮助。由于一些小规模养殖户不能自制饲料、不能自行育雏，辉旭农场经常为其提供饲料、育雏服务，收费远低于市场价格。除根据生产需要，常年聘用本村两个人来农场捡蛋、打防疫针等，还常年收购周边农户的玉米麸皮作为饲料原料，真正做到本地原料、本地生产、本地销售。不仅如此，对于本村有需要鸡粪作为有机肥的农户，辉旭农场不仅免费送其鸡粪，还直接用农场的车辆把鸡粪运送至果园或菜地，做到鸡粪的绿色化利用，基本消除了规模化蛋鸡养殖对生态环境的不利影响。

四川开江县鸿发家庭农场：

打造生态养殖模式　示范引领一方产业

■ 导　读

　　鸿发家庭农场主方庆林，通过子承父业，开展标准化规模养殖，与其他规模养殖户联动发展，取得了良好的经济社会效益。这个案例表明，与其他规模养殖户相比，鸿发家庭农场具有独特的内在特质：**一是重视和追求技术进步。**家庭农场主对技术更加敏感，会尽可能追求技术进步带来的生产效率最大化、经营效益最大化。比如，鸿发家庭农场对先进饲料配方、畜禽粪污无害化治理等技术的需求更加强烈，具有自发采用生态养殖技术的内生动力。**二是市场化导向意识突出。**家庭农场更加重视市场，与市场的互动和对接更加充分。比如，鸿发家庭农场坚持以销定产，不断调整养殖结构，采用更加科学合理的营销手段进行销售。**三是合作倾向更为强烈。**鸿发家庭农场不仅通过养殖技术推广、市场信息传递共享等方式带动其他规模养殖户的发展，积极吸纳43户贫困户入股，还打算与周边农户一起牵头成立合作社，体现出明显的合作倾向。可见，在一定的发展条件下，家庭农场有可能成为当地各类经营主体协同发展的发动者和参与者，在促进农业农村优先发展中发挥更大的作用。

■ 案例介绍

鸿发家庭农场位于四川省开江县广福镇夏家庙村。农场主方庆林是一个立志扎根乡村、改变乡村、发展乡村的"90后"年轻人。2012年逐步继承父业，开展生猪养殖，2013年11月登记成立家庭农场，主要经营生猪、家禽养殖销售、生姜种植及销售。成立当年，农场出栏商品猪800多头，利润达到16万元。目前，农场建有生猪标准化养殖场1个，建成标准化生猪养殖圈舍6 000平方米，占地49.8亩，家庭成员5人，长期雇工2人，存栏生猪共3 640头。2017年被评为四川省畜禽标准化示范场，2018年被评定为四川省省级示范家庭农场。2018年，家庭农场出栏商品猪3 876头，实现经营收入781.48万元，实现净利润85.72余万元，辐射带动广福镇3个村共43户贫困户实现脱贫致富。

一、开展高标准生猪养殖，推行"绿色、生态、安全"发展

一是推进标准化规模养殖。家庭农场按照"畜禽良种化、养殖设施化、生产规范化、防疫制度化、粪污无害化"的标准化要求，突出抓好畜禽粪污无害化治理，扩建圈舍，购置安装风机、水帘等温控设备，购置自动料线、自动水线等自动化饲养设备，以及产床、保育栏等设备，实现养殖设施化，养殖场科技含量不断提高，标准化水平不断提升。**二是不断提升养殖技术。**农场以16.8万元的年薪聘请一名高级畜牧师，专门负责猪场管理和技术。方庆林全家紧紧抓住这个机会，不断向畜牧师学习新知识、新技术，农场成员养殖技术水平持续提高。同时，农场引进"外二杂"母猪，进行自繁自养，同栋圈舍采取"同进同出"，加强投入品、休药期和防疫管理，逐步实现生产规范化。**三是推行生态发展模式。**2014年夏天，因猪粪处理不当，造成河水污染，导致饮用河水的生猪死了300多头。这个事件给农场发展带来了沉重打击。方庆林深刻认识到，生猪养殖必须注重环保，走生态发展之路。此后，家庭农场与广福镇优质茶叶生产基地签订粪污消纳合同，生猪生产的粪尿等废弃物通过猪场发酵处理，全部用于广福镇福龟产业有限公司茶叶种植基地，对转变畜牧业生产方式、实行畜禽养殖废弃物资源

化利用起到了良好的示范带动作用。

二、推进产业化经营，带动适度规模养殖户发展

一是围绕市场需求安排养殖。家庭农场从建设伊始，就注重标准化规模养殖与产业化经营相结合，坚持以销定产，不断调整养殖结构，淘汰低产能繁母猪，减少存栏量，降低投入周转资金。农场通过转变饲养方式，由全工业饲料饲养转变为浓缩料自配料饲养，尽可能增加青贮玉米饲料饲喂，每吨饲料降低成本达到400元左右。根据市场预测情况，延长出栏时间30～50天，由原来的125千克出栏标准延长至150千克，不仅降低了成本，还提高了猪肉品质，实现规模养殖与市场的有效对接。同时，农场定期与开江县、达州市生猪屠宰加工厂联系，实行询价销售，不断提高养殖效益。**二是多维度发挥示范带动效应。**农场通过发挥杜洛克优良种公猪优势，在周边乡镇大力推广优质"外三元"杂交商品猪，为周边养殖户免费开展生猪养殖培训，提高了当地生猪质量；通过统一兽药等销售，参与适度规模养殖场疫病预防、消毒管理等，降低了生猪养殖死亡率，提高了当地标准化规模养殖效益。**三是实行带动式销售策略。**家庭农场长期坚持把市场信息、销售价格等信息通过微信群等方式，传递给适度规模养殖户，拓宽周边养殖户销售渠道，不断提高养殖户生产经营能力。据统计，农场共培训周边养殖户500余人次，接待参观学习300余人次，带动70户进行规模化、标准化生猪养殖。

三、不断健全规章制度，提高家庭农场管理水平

一是加强管理制度建设。鸿发家庭农场通过建立完善疾病防控、消毒管理、饲养管理等管理制度，并按照家庭成员的岗位职责，明确工作目标任务，其中方庆林负责投资和经营管理，其他家庭成员负责饲养管理和财务，外聘技术人员负责技术指导，形成了分工明确、责任落实的管理体系。**二是提升农场管理水平。**家庭农场参照企业管理的要求，建立健全财务管理制度，实行绩效考核。家庭成员各自负责一栋猪舍，猪的成活率、发病率、饲料消耗量、饲料报酬等指标均纳入考核范畴，考核结果与月工资、年终分红挂钩，有效提高了家庭成员参与工作

的积极性。

四、积极参与脱贫攻坚，扎根乡村造福农民

一是发展产业脱贫致富。家庭农场把产业发展与精准扶贫工作有机结合起来，吸纳精准识别贫困户小额贷款入股，与精准识别贫困户签订入股分红协议，对贫困户入股采取"保底分红"模式，年分红比例不低于股金的 3.75%。目前，鸿发家庭农场共吸引广福镇 43 户精准识别贫困户入股分红，将 215 万元以"保底分红"模式入股家庭农场。2018 年共分红 15.05 万元，户均分红达到 3 500 元。**二是吸纳农户务工增收。**农场发挥立足本地、贴近百姓的优势，在沼液排灌、猪粪干湿分离、物资装卸等季节务工方面，优先聘用当地有劳动能力的贫困户，以增加其务工收入。对于有意愿自己养殖的农户，农场免费提供技术，介绍销路，宣传推广养殖方法，帮助他们摆脱贫困。

目前，农场正和周边散养户协商，计划筹建生猪养殖专业合作社，注册"鸿发猪业"商标，按照"合作社＋基地＋农户"的产业模式，推进统一品种、统一饲料、统一用药、统一防疫、统一销售"五个统一"，形成基地规模经营与农户分散养殖相结合的方式，建立"鸿发生猪产业化联合体"，抱团发展，共闯市场。

贵州凯里市玉龙养殖家庭农场：

公司和农场利益共享　农民和企业风险共担

■ 导　读

玉龙养殖农场采用"公司＋农场"模式，有效解决了产品技术和销售问题，实现了规模经营、稳定就业、增收创富。

这个案例表明，家庭农场发展过程中，需要注意以下几点：**一是坚持家庭经营，发挥适度规模经营优势。**玉龙农场年出栏量保持在 1 400～1 700 头（猪），这保证了农场主夫妇二人家庭经营范围。这个规模有利于精心管理农场，提高劳动生产率，发挥适度规模效应。**二是多主体融合发展，建成新型农业产业组织体系。**玉龙农场借助政府产业政策，采取"公司＋农场"模式，解决了养殖技术、产品销售问题。这种模式既发挥了农场生产优势，又发挥了龙头企业技术及销售优势，形成了互利共赢、和谐共生的产业组织模式。**三是借力金融贷款，从小农户变身家庭农场。**玉龙农场先后享受贴息政策，从农村商业银行贷款 40 余万元。借助贷款，玉龙农场投入建设农场固定设施，从小农户变成了家庭农场。**四是积极学习养殖技术，提高生产养殖能力。**农场主积极参加技术培训，夫妇二人逐渐掌握了核心的养殖技术，不仅提高了仔猪存活率，还保障了养殖收益。

■ 案例介绍

　　玉龙养殖家庭农场位于贵州省凯里市经济开发区下司镇铜鼓村翁达地段，距凯里市 20 余公里，沪昆高速沿镇而过，交通便利、区位优势明显。农场主杨胜潮，现年 43 岁，曾在浙江打工，2014 年返乡创业，借助政府产业扶贫政策，开始与温氏集团合作，从事生猪养殖。2015 年 1 月成立了玉龙养殖农场。养殖农场建设占地面积 3 000 多平方米，其中圈舍面积 1 186.5 平方米，养殖场内设有饲料间、药房、洗涤房等基础设施。养殖场内建有 660 立方米的四级化粪池、133 平方米的固粪暂存间，购置固液分离机一台。养殖场还和周边 3 户农户共同出资 20 余万元配备 250 千伏变压器、50 千伏安发电机。玉龙养殖场在发展过程中，坚持家庭经营、适度规模、依靠公司、发挥优势，实现了规模增收，创业致富。

一、采用"公司＋农场"模式，技术销售有保障

　　由于凯里市委、市政府开展产业扶贫政策，将发展生猪养殖作为全市主导产业之一，于是大力引进了温氏集团。通过温氏集团在当地积极推广"公司＋家庭农场"经营模式。玉龙养殖场正是在这样的背景下成立起来的。这种模式中，公司通过采取"四提供、一保证、一回收"的方式保证养殖农场收益，其中："四提供"是公司提供猪苗、饲料、药物、免费技术指导；"一保证"是保障养殖户得到合理利润；"一回收"是农户进苗前与公司签订饲养合同，公司保价回收，目前回收价为 14.4 元/千克。玉龙养殖场杨胜潮养的仔猪就是统一由温氏公司提供，饲料、防疫药品、防疫技术也是由温氏公司统一提供和培训。饲养后，猪出栏也是公司按保底价统一收购。农场则需要按照公司要求修建猪舍、参加公司培训。按照这一模式，玉龙养殖场农场主杨胜潮最初利用自己全部积蓄 20 万元，又向农商行及亲朋好友筹措资金 80 万元，流转租用土地 4 亩，先后投资修建猪舍、饲料间、药房、洗涤房、化粪池、固粪暂存间、养殖农场公路 1 000 余米等基础设施。家庭农场基础设施建成后，农场严格按照公司合同约定生产。养殖过

程中，严格按照公司要求进行防疫、消毒及粪便处理。待猪出栏时，公司统一按保底价收购后销售。这种模式解除了杨胜潮夫妇生猪市场销售的后顾之忧，能把主要精力用在生猪养殖上，发挥了农场生产优势。这种模式还消除了农场养殖技术问题，由公司统一培训、发药、防疫，标准化流程生产，保证了生猪养殖质量。正是因为有技术和销售保障，农场生产经营风险降低，收入有保障。

二、适度规模经营，家庭收入有保障

玉龙养殖场2018年年饲养量1 500头，分两批出栏，现有750头。近年来，农场平均年出栏1 400头，平均每头猪能挣200～300元。如果以200元计算，玉龙养殖场平均每年毛收入约28万元，扣除地租约1.2万元/年、贷款利息1.8万元/年、用电变压器损耗费2.4万元/年、电费等其他费用5万元/年，一年基本可以实现18万元左右的收入。但1 600头，最多1 700头是家庭农场中二人管理的上限，如果超出这一规模则需要雇工管理。目前，当地雇工非常难，且费用高，如雇工搬运饲料需要付100元/天。如果农场雇工，收入会减少，且不能保证雇工工人生产能符合温氏公司的生产规定。尽管玉龙养殖场打算下一步适当扩大养殖规模，但仅仅是将存栏量增加到850头，年饲养量达到1 700头，平均年出栏1 600头，这样可以保证依然是夫妻二人管理。虽然这基本达到两人管理的上限，会比较累，但年收入可以突破30万元，家里收入更有保障。

三、家庭生产经营，小农户就业有保障

玉龙养殖场完全以家庭成员生产经营，没有常年雇工和临时雇工。事实上，农场主杨胜潮与妻子最初是和自己哥哥合伙养猪，后来规模扩大了，也掌握了养殖技术，杨胜潮与妻子就独立出来，自己单独养，并成立了家庭农场。农场一直是夫妇二人经营管理，搬料、喂食、打针、清理等工作全部自己承担。自从养殖场建成后，全家四人以养殖场为家，一年四季吃住在养殖场。由于与公司合作，农场养殖风险低，收入也有保障。杨胜潮夫妇对未来农场的发展充满信心，打算以后一直经营农场，不打算再外出打工。经营农场可以照顾自己年迈的母亲和年幼的孩子，这样心里也踏实。

四、农民技能提升，培育高素质农民有保障

由于与公司合作，在管理和防疫方面，经过公司的技术培训和日常指导，杨胜潮夫妻逐渐掌握了养猪技术和防疫措施，大大增强了养殖技术保障，提高了仔猪成活率。近 4 年来，玉龙养殖农场仔猪死亡率都保持在合理的水平，为保障家庭养殖收益提供了有力支撑。43 岁的杨胜潮和 29 岁的妻子陈晓花，他们有外出务工的经验，又经过多年养殖技能实践，从养殖门外汉逐步变成养殖能手，又从养殖能手变成懂管理、能吃苦、会经营的农场主。在他们的引导下，当地其他青壮年也越来越多从事养殖产业。在他们的示范下，越来越多的老百姓开始通过发展养殖业，走上了专业化、标准化、规模化和产业化的致富之路。玉龙养殖家庭农场为引导农户发展、培育高素质农民提供了有益借鉴。

三、种养结合类

上海松江区李春风家庭农场：

"三位一体"集约发展
破解"谁来种地"难题

■ 导 读

  在经济发达的上海都市圈，近几年从事农业经营的成本在不断抬高，"谁来种地"问题凸显。李春风家庭农场通过规模经营、种养结合、延伸产业链等，实现了都市农业的可持续发展。这个案例表明，在都市郊区发展现代农业，稳定粮食种植，实现增收，应当具备几个要素：**一是适度规模，充分利用农业机械实现合作共赢**。李春风400多亩的农场规模是在配置农业机械的基础上逐步扩大的，同时，李春风与其他4户家庭农场联合为本村提供农机服务，每年为农场带来5万元的增收。**二是种养结合，大力发展循环农业达到节本增效**。李春风通过种养结合，实行养猪粪尿还田利用，使化肥施用量减少了30%，提升了稻米的品质。且注重养地，通过种植绿肥、深翻等提升土壤质量，农场生产的大米顺利被中国绿色食品发展中心认证为绿色食品A级。**三是加强品牌建设，延伸产业链提升农产品附加值**。农场通过加工初级产品、注册商标等方式转变了产品销售模式，使得水稻每亩增收约250元。

■ 案例介绍

李春风家庭农场位于上海市松江区泖港镇腰泾村，创办于 2008 年，现有经营面积 430 亩，是集品牌稻米绿色生产、生猪饲养和现代农机服务"三位一体"的集约型家庭农场。农场主李春风原来在松江工业区一家合资企业工作，2008 年，李春风弃工从农，子承父业，开始经营 117 亩粮食家庭农场。2011 年，探索"种粮＋养猪"相结合的经营模式，发展种养结合生态循环家庭农场。2013 年，组建农机互助点。2015 年，创办上海万群粮食专业合作社。2016 年，注册"李春风"牌大米商标。2019 年，家庭农场大米产品被中国绿色食品发展中心认证为绿色食品 A 级。农场大米年总产量在 2.4 万千克，净收入约 40 万元，生猪总出栏 1500 余头，净收入约 12 万元，提供农机服务净收入约 5 万元，真正走上了规模化、机械化、科技化的现代农民致富之路。李春风曾先后获得 2014 年全国十佳农民、2010—2014 年度上海市劳动模范等荣誉称号，是第十五届上海市人大代表、第五届松江区人大代表。

李春风家庭农场秉承的规模化经营、种养结合、大力发展循环农业、延伸产业链条、打造品牌产品、开展社会化服务进行节本创收的理念取得了显著成效。

一、提高机械化水平，开展规模化经营

李春风接管农场后注重的第一件事，就是提高农机作业率。农机驾驶与水稻耕作技术均为农场自己掌握，这是李春风家庭农场能够规模化发展的基础，也是夫妻二人从 117 亩田逐步扩种到 430 亩的信心和底气。近些年，李春风紧跟政策导向和松江特有区域耕作特点，自己出资配置了 4 台拖拉机、1 台收割机、1 台精量穴直播机、1 台植保机，成为机农一体型农场。由于减少了用工成本、减轻了劳动强度，使得农业劳动生产率大大提高。同时，李春风与本村其他 4 户家庭农场主建立起了农机服务互助协作关系，形成了农机互助小组，为本村 1500 亩土地提供农机服务，提高了农场自有农机使用率，还能为农场带来 5 万元左右的净收入。

二、实行种养结合，大力发展循环农业

2011年，李春风申报了种养结合家庭农场建设。猪场建在农田旁，占地面积约3亩，其中，棚舍建筑面积800平方米、辅助用房37平方米，配有现代化通风、降温和粪尿收集利用设施。每年可饲养生猪3个批次，每批次约500头。李春风之所以开展生猪养殖，在于种养结合可实现生态循环效果：养猪粪尿还田利用后，化肥施用量减少了30%，长期实践下来，土壤质量越变越好，土壤耕作层加厚了3～5厘米。但一座猪场的还田量对应约百亩田，并不能覆盖所有承包田块，因此，李春风还在种植绿肥、深翻上下功夫。每年秋收后，按照二麦、绿肥、深翻各1/3的茬口布局轮作，从而保障在休耕能力有限的情况下，能深翻晒垡、休养土地。从2015年开始，李春风率先取消了二麦种植，冬闲时节全部用来种绿肥或深翻，"冬闲"并不闲。除了红花草，他还尝试种小青菜、油菜、蚕豆等，种绿肥的门道有很多，不同的品种对土壤改良的收效不一样，水稻收割期不同，绿肥的长势也不同。李春风通过实践探索，不断寻找提升土壤质量的养地诀窍。

三、延伸产业链条，从"卖稻谷"走向"卖大米"

上海在推动高效绿色现代农业发展过程中，提出由"卖稻谷"向"卖大米"转变。2014年，松江大米成功获批为沪上唯一稻米类国家地理标志保护产品。李春风家庭农场所在区域，正是松江大米的核心种植区和主产地。2015年，李春风创办了属于自己的上海万群粮食专业合作社，并入选为"松江大米"品牌指定销售点，不仅经营自家种植的优质大米，还与松江本地农业龙头企业签约，以高于稻谷市场收购价15%的价格销售优质稻谷。近两年，越来越多的消费者主动上门询问李春风种的大米，经过口口相传，通过微信朋友圈就有了不错的销量。在与消费者的互动中，李春风感受到了市民对安全健康农产品的旺盛需求。为此，李春风添置了新科技设备，运用物联网收集农田环境数据，安装了24小时监控视频，让消费者有机会看到水稻的种植情况。李春风说，从前想的是怎样把水稻种好，为的是稳定增产，现在为的是让更多市民吃到口感好、品质好的大

米，吃得安全、放心。2018 年，李春风家庭农场全部种植"松 1013"和"松 1018"特色优质品种，告别了把稻谷卖给粮管所的时代，率先实现了"卖稻谷"向"卖大米"的转型。

四、加强品牌建设，提升农业产业效益

2016 年，李春风家庭农场注册了"李春风"牌大米商标，按照国家绿色食品标准和申报要求，筹备申请绿色认证。由于农场土质等现有条件良好，李春风并没有花费什么额外的养护和资金投入，2019 年 2 月顺利被中国绿色食品发展中心认证为绿色食品 A 级。目前，李春风家庭农场品牌松江大米每亩增收约 250 元。

五、实现子承父业，使得农场后继有人

李春风 40 岁左右，家有 6 口人。他的父亲李爱云是松江区第一批家庭农场经营者，从 2007 年起从事家庭农场生产经营。李春风原在企业打工，2008 年辞去工作，回家帮助父亲打理家庭农场。2012 年，李爱云年满 60 周岁退休，李春风"子承父业"，全面接管家庭农场的生产管理。年轻的农场主接替父辈从事农业，更好地发挥了其知识储备和技能素质等优势，实现了农场的代际传承，促进了农场的可持续经营。

李春风经营 11 年，家庭农场适度规模经营已经逐渐从探索走向成熟。"未来，自己的家庭农场要走的路，是小而精的"。在耕作土地有限的情况下，农场将进一步提升亩产附加值，让产品向着精品、优质方向发展。李春风希望当地优质稻米品牌能够得到更大发展，让更多人能够认识和了解松江大米。他还以上海市人大代表身份提出，关于进一步扶持优质大米区域品牌发展，促进农民由卖稻谷向卖大米转变的建议，希望更多市民了解上海市优质大米区域品牌的生产情况，希望优质稻米品牌的影响力和美誉度进一步提升。

四川宜宾市叙州区稻香坛
种养殖家庭农场：

实行虾稻共作　突破技术难题

■ 导　读

　　稻香坛种养殖家庭农场在退伍军人刘伟的带领下，通过适度规模、规范生产、科学养殖，种养有机结合，提高了综合效益。这个案例表明，家庭农场要想取得成功，发展中要注意以下几点：**一是要积极提高经营管理能力。**一方面，让更多刘伟这样愿意并有能力从事现代农业的人经营家庭农场，推动家庭农场的发展；另一方面，将高素质农民培育和家庭农场发展结合起来，提高家庭农场主的经营管理能力。**二是坚持适度规模，向产值、向品质要效益。**实践中一些家庭农场经营土地动辄上千亩，超出了农场主的经营管理能力，导致土地单位产出和农场经营效益下滑。稻香坛种养殖家庭农场只有160亩土地，通过水稻、龙虾种养有机结合，提高农产品品质，年销售收入达200万元。**三是以规范管理和科学种田实现高效生产。**能否用现代理念管理农场、用现代科技装备农业，直接关系到家庭农场发展质量。与一些家庭农场经营管理比较粗放不同，稻香坛种养殖家庭农场借助规范管理和科技创新，实现了精准高效生产。

案例介绍

稻香坛种养殖家庭农场位于四川省宜宾市叙州区普安镇土主村，创办于2012年，2017年被评为省级示范家庭农场。稻香坛种养殖家庭农场法人刘伟，是一名退伍军人，2012年退伍回到家乡后，流转土地160亩，投资20万元，成立了稻香坛种养殖家庭农场。农场注册资金50万元，固定资产240万元；实行"稻虾共作"等多种种养模式，现经营土地318亩；修建储藏室400立方米、晒坝800平方米；注册商标"川滇红"，凭借刻苦钻研，拥有国家专利18项。2018年销售收入达到200万元。刘伟于2017年被评为"宜宾市优秀退伍军人"。

农场坚持科学管理、绿色经营，主要依靠家庭成员负责生产活动，走出了一条技术专利化引领的创新发展道路。

一、三"定"求规模

家庭农场的经营规模主要由投入、劳动力与经营模式三个方面决定。稻香坛种养殖家庭农场从一开始就树立适度规模经营的理念，通过"三定"确保经营规模适度、稳定。**一是"定投入"**。农场以自有资金为基础确定投资规模，采取适度负债的原则，主要依靠自有资金进行投资，做好通盘的规划。每年依据产业特征和市场行情，确定农场种养计划，通过核算基础设施、农资、人工等投入，量入为出、以收定支，不盲目贪多求大而给经营带来风险。**二是"定劳力"**。农场根据经营规模、种养环节等需求，合理分配劳动力，统一调度、精打细算，让适合的人干适合的活，让合适的人管合适的事，激发工作积极性、主动性，优化劳动力资源配置；经过几年的摸索，农场按照种植养殖规律分配劳动力、指定管理区域，确定聘请劳动力数量，降低可控成本，优化生产效率。**三是"定模式"**。农场改变传统种养方式，依据不同的土壤类型、灌溉条件及地理位置，结合小龙虾生活习性及生长特点，分析山上、田间等不同选址的优劣性，确立"稻虾共作""稻虾轮作"等多元化种植模式，实现稻与虾互利共生、生态循环，种养效益达到单一水稻种植的7倍。

二、三"坚"助兴旺

家庭农场可以使分散的土地、资金、技术和劳动力等生产要素在更大的范围内自由组合，也为农业高质量发展奠定了基础。稻香坛种养殖家庭农场坚持管理与技术并重，不断提升效益和竞争力，持续推动产业高质量发展。**一是坚持实施精细化管理。**家庭农场的每一个工作人员，上到农场主下到普通饲养员，都细化工作职责和范围。在每一个生产环节都细分具体标准，该什么时候施肥、施多少肥、什么时候投食喂养等都有明确规范，做到科学管理、精准生产。**二是坚持普及实用性技术。**发展好产业，技术是关键，要有先进的技术就必须要破解人才瓶颈制约。农场成立后，花了近3年的时间攻克种养循环的技术难关，取得了明显成效。农场自身发展的同时，还积极参与农民培训教育，通过现场示范等多种形式，向周边农户推广应用实用技术，取得了良好的社会效益。**三是坚持推动高质量发展。**农场主刘伟清醒地认识到推进农业高质量发展的重要性，从一开始就确立了"品质至上"的发展理念。农场通过实行稻虾循环种养，既减少农药、化肥使用，又提升农作物自我抗性，构建了绿色发展模式。

三、三"技"铸成就

科技创新是支撑现代农业发展的核心驱动力。对于家庭农场而言，所需要的技术不一定是前沿技术，而是集中在良种良法、加工储运、农机装备等实用技术层面。稻香坛种养殖家庭农场在引进先进品种技术的同时，围绕产业重点领域，自主创新、重点攻关，突破了一批关键核心技术难题。**一是坚持自主开发应用，技术专利稳步增长。**农场始终坚持走科技兴农之路，紧紧依靠技术创新实现节本增收。农场主刘伟刻苦钻研、不断探索，撰写了10万余字的指导资料，并逐步获得田间防逃装置、投食系统等18项国家专利，有力提升了农场的影响力和知名度。**二是聚焦产业链关键环节，重点攻关核心技术。**比如，农场设计了专用运输装置，并采取科学的运输方式，提高了小龙虾存活率，大大减小了运输中的死亡率，仅此一项技术创新，农场年提高收入近10万元。**三是突破技术难题，技术转化成效显著。**近年来，农场积极推广应用科技成果10多项，创造经济效益

100 余万元，进一步发挥了科技创新的支撑作用。

四、三"法"促发展

农业生产经营组织创新是推进现代农业建设的基础条件。稻香坛种养殖家庭农场在尊重和保障农户生产经营主体地位的基础上，嫁接先进的管理理念，瞄准市场需求变化安排生产，充分激发农村生产要素潜能。**一是用现代经营形式发展农业。** 实行订单式生产，全方位监控生产流程，严格按照消费者的需求进行匹配，有效解决产品销路难题。农场通过请进来体验营销产品，提高消费者对农业生产、产品质量的认知认同，带动周边其他产业发展。**二是用高素质农民推进农业。** 农场积极创造条件，为成员提供各种培训机会，旨在通过系统培训，逐步将从业人员培养成懂科学生产、懂经营管理、懂市场营销的高素质农民。**三是用绿色生态的理念引领农业。** 农场始终坚持科学用药、科学用肥，不仅要求农场成员，还引导周边农户转变观念、掌握技术。如：农药、化肥能不用就不用，即使必须使用时也严格按照质量标准的规定限量使用，并科学处理秸秆、薄膜等生产废弃物，提高科学用药用肥水平。

同时，农场对愿意共同发展"稻虾共作"的农户，优先提供虾苗，免费开展技术培训，面对面传授实用技术，统一组织产品销售，并允许使用自主品牌，通过各种方式解除周边小龙虾养殖户的后顾之忧。目前农场带动农户超过 100 户。

重庆涪陵区洪家大院家庭农场：
建四季精品水果园　走农旅结合致富路

导　读

　　受三峡库区人多地少、山高坡陡等自然条件的限制，发展农业规模经营相对困难。洪家大院家庭农场适度流转农户承包土地，打造精品果园，发展多功能农业，通过农旅结合扩大增收渠道，探索出了一条山地特色高效农业发展之路。洪家大院家庭农场的发展，有以下几点经验值得借鉴：**一是坚持走集约化经营之路。** 三峡库区人多地少，大多山高坡陡。农场坚持"因地制宜，量力而行"原则，流转 40 亩土地精心打造，着力发展集约化水果产业，符合本地实际，展现美好前景。**二是充分发挥家庭成员的不同才能。** 洪万丰统筹农场事务，并负责农机操作、营销配送；妻子管好后勤，带着邻里乡亲完成田间管理；女儿女婿则负责农场的整体规划和外部宣传。一家人科学分工，提高了农场生产管理效率。**三是农旅融合多元增收。** 利用库区优美自然风光以及离城区较近的交通优势，利用"互联网＋"电商平台，发展水果采摘等休闲体验观光农业项目，拓展产业链条，丰富收入来源，确保了农场的稳定发展。**四是发挥带动小农的核心农户作用。** 农场在经营过程中，充分发挥了示范带动作用，为建档立卡贫困户提供了就业岗位，充分带动周边农户的发展。

■ 案例介绍

2014 年，重庆市涪陵区洪家大院家庭农场由洪万丰夫妇在清溪镇建设村 4 组创建成立，于 2015 年 4 月在工商部门注册登记为个体工商户。农场所在村组，地处涪陵城区东北部，沿长江南岸，距重庆市主城区仅 12 公里，是依山傍水、风景秀丽、资源丰富、交通便捷之地。目前，农场面积 45 余亩，其中设施栽培面积 25 亩，主要种植葡萄、桃子、草莓等水果，打造了"四季果园"，并养殖鸡、鸭、鱼等，形成了"种植养殖＋休闲农业＋线上电商"的农旅商一体化经营模式。2018 年，农场接待游客 4 000 余人，线上线下销售农产品金额达 35.6 万元，带动周边 20 户农户销售土特产金额 6 万多元；为 15 个建档立卡贫困户提供劳务岗位，户均年增收 3 000 余元。

洪家大院家庭农场依托 40 亩土地，秉承科学规划、集约经营的生产理念，农旅结合、"互联网＋"的经营理念以及家庭协作、各尽其能的管理理念，共同铸就了发展现代农业增收致富之梦。

一、情系故土，返乡创业办农场

洪万丰出生于 1964 年，成年后一直在家务农。结婚后，为了提高家庭收入，自 1994 年起在涪陵城区当客运车司机，家里承包地靠自己休息时打理。2013 年，一次家庭出游的机会，他接触到了一户经营葡萄园的家庭农场，感觉种葡萄效益挺好。恰好在重庆主城区工作的女儿结婚生子，希望自己的孩子能吃上放心的安全食品。洪万丰想到，自己老家气候好、土壤好、位置优越、风景优美，村里有许多土地因缺少劳动力而粗放经营甚至无人耕种，如果能流转过来搞个果园，一家来经营，能种出好产品。加之，年近 90 岁的老父亲也大力支持，希望他把自己当佃农时就耕作的土地种好。适值当年国家又出台了支持家庭农场发展的政策，在家人的再三合计下，洪万丰决定放弃外面的工作，回到家乡"重操旧业"，开启了家庭农场梦。

二、小面积大投入，走集约经营之路

2014 年 11 月，洪万丰向周边 12 户农户流转了地界相邻、易于连片经营的

40 余亩土地。凭借熟悉农机驾驶的特长，在农户允许的前提下，他投资 20 多万元对租赁土地进行了平整，修建了几公里长的砂石机耕道。凭借对家乡土壤品性的熟悉，他们决定搞设施农业，种植适宜本地的各类水果。先后投资 53.4 万元，在 25 亩土地上建设了 16 个大棚，完善了喷灌、沟渠等农田基础设施，为发展集约化农业奠定了基础。

三、瞄准采摘客，打造"四季果园"

根据当地气候特点，农场在主打葡萄种植的同时，因地制宜种植各类水果。专程前往江苏、浙江等地考察学习，先后引进了夏黑、醉金香、阳光玫瑰、黑巴拉多、蜜莉等深受老百姓喜爱的葡萄品种，以及水蜜桃、黄桃、无花果、草莓、车厘子、黄蜜樱桃、枇杷、脆冠梨、布朗李、台湾果桑、汤包橘等多种水果，通过试验种植，逐步实现了"四季有果摘，四季有客来"。当然，多样化的种植需要更多的农业技术，农场的发展并非一帆风顺。2015 年葡萄园第一年投产，就受到严重病虫害影响，产量不高、损失惨重。为此，夫妇俩积极参加市、区组织的农技培训，努力掌握种植技术，还邀请技术专家现场指导。第二年葡萄园就迎来了丰收的喜悦，也坚定了一家人坚持农场经营的信心。

四、绿色种植，品牌化经营

在夫妇俩的悉心管理下，农场的"四季果园"坚持以"安全、优质、营养"的绿色食品标准来规范生产。采用生物防治技术和测土配方施肥技术，全面施用农家肥和有机肥。在政府项目的支持下，农场引入了新型草莓立体栽培技术和"鼠茅草"以草治草果园管理技术，全力改善生产环境，打造生态农场。2017年，农场的葡萄、黄桃、无花果 3 个农产品通过了无公害认证，同时作为涪陵区万丰果蔬专业合作社的核心基地，申请并注册了"洪老幺"商标。

五、搞农旅结合，吸引八方游客

为了吸引更多游人，把水果卖上更好的价钱，农场充分发挥区位优势，围绕吸引都市客人周末来农场休闲体验，多方面拓展农场功能。依托四季果园基地，开发乡村游玩项目，将自家住宅改造为民宿接待点，还设置儿童滑梯、KTV、棋牌室等休闲场所，丰富游客的旅游体验内容。打造以生态果园、农耕体验为特色的休闲农业项目，利用涪陵网、涪风在线、美丽乡村网、微信朋友圈等多个互联网平台，发布采摘路线，吸引游客到农场观光、采摘和体验。2018 年，共接待区内外游客 4 000 余人次。

六、网络营销，拓宽市场

为了提高农场知名度，拓宽农产品销售渠道，洪万丰让其女儿通过论坛、公众号、朋友圈等网络平台扩大宣传，还开通了"洪家大院"微信公众号和微店小程序，增添线上交易渠道。2018 年线上交易额占农场销售总额的 15％。为了节约成本，从事过客运业务的洪万丰当起了配送员，为线上顾客免费提供同城配送服务。家庭的其他成员也常常利用闲暇时间，将农场和周边农户特色农产品配送至主城区。通过线上线下，双管齐下，农场的产品一直未出现滞销问题。

七、发挥核心作用，助力乡亲脱贫致富

在自己办农场增收的同时，洪万丰还领办了"涪陵区万丰果蔬专业合作社"，联合村内其他农户一起团购生产资料，申请农产品品牌认定。目前，洪家大院在当地已经小有名气，不仅将许多游客引来农场采摘、休闲，也带动周边农户把当地的蔬菜、鸡鸭等土特产品销售出去。2018 年，约有 20 户农户受益，销售土特产品 6 万余元。农场还积极响应政府号召，雇请贫困户到农场务工。目前，已经为 15 个建档立卡贫困户提供了季节性就业岗位，劳均年收入 3 000 余元。农场主洪万丰因带动农户致富增收，在大家的极力推荐下，当选了建设村 4 组的组长。

洪万丰通过自己及家人的努力，依靠家庭的纽带，调动起各种资源，在小面积土地上实现了集约化经营，以农旅商结合的方式获得了较高的收入，探索了一条以产业融合为特征的家庭农场发展道路。

重庆巴南区昌元家庭农场：

种植养殖双增效　生产服务齐增收

■ 导　读

昌元家庭农场通过适度控制流转土地规模，购置较为齐全的农业机械，对内科学种田、种养结合，搞初加工增效益，对外代耕代种，提供农机服务增收入，获得了较高且稳定的经营收益，成为体面的高素质农民。昌元农场的经营发展，有许多值得借鉴的经验：**一是控制土地流转成本。**该农场长期稳定流转土地64亩，又根据每年的市场行情与农户讨价还价，弹性调整种植规模，既获得了粮食生产的规模经营效益，又有效规避了市场价格波动的风险。**二是种养结合增效益。**昌元农场探索的"稻＋N"种养模式，充分利用了田、水资源，获得了种植、养殖两份收入，还提升了水稻、水产品品质，可谓一举多得。**三是生产服务双主体。**昌元农场不仅成为直接从事适度规模种植的农业生产主体，还成为对外提供代耕代种、机耕、机收等农业生产托管服务的社会化服务主体，生产与服务双结合。**四是初级加工提高粮食生产附加值。**销售大米比出售稻谷更有赚头。该农场通过自己加工出售大米，有效解决了种植环节效益低、销售受中间商制约的"难题"。

■ 案例介绍

昌元家庭农场位于重庆市巴南区二圣镇中坪村，农场主刘昌元出生于1963年，是当地有名的种田能手，家庭人口7人，包括他和父母、妻子、儿子、儿媳、孙子，家庭劳动力4人，家庭承包地16亩。2011年，他流转本村其他农户64亩土地种水稻，并取得了较好的收益。尝到甜头的刘昌元，叫回在外务工的儿子刘海（1987年出生），一起搞规模化种植。2013年5月，在国家鼓励家庭农场发展的政策号召下，他们到工商部门注册登记了"巴南区昌元家庭农场"。近年来，通过直接流转田地搞种植、养殖，向周边农户提供农机服务等方式，不断扩大生产经营范围，经营收入不断增加，2018年达到110万元，纯收入30万元，成了当地有名的、体面而自由的高素质农民。2014年，昌元家庭农场获得重庆市首批家庭农场示范场称号。2016年，刘昌元获得重庆市优秀家庭农场主称号。

一、适度流转土地，有效控制经营风险

刘昌元是个地道的农民，年轻时也曾经出外打工，但一直种植自己的承包地，会开农机，懂农业技术，是当地有名的种田能手。2011年，看到农产品价格比较好，村里许多农户又因出外打工不愿种地，他便与周围农户签订了64亩的土地流转合同，年租金根据田土肥力、水源条件不同，按每亩150～200千克稻谷计算，流转期限到2028年。这64亩流转地，连同自己的16亩承包地，地界相邻，集中连片，比较适于机械化耕作。他因地制宜，水田种水稻，旱地种梨树，为昌元农场保持适度的经营规模提供了基本保障。在此基础上，他精打细算，根据每年农产品价格走势和农户田地要价情况，按一年一议的方式流转不同规模的土地种植水稻。流转面积最多的一年是2014年，达到了340多亩，最少的一年是2018年，220多亩。流转规模虽然有所波动，但在近几年粮食价格下行的压力下，很好地控制了土地流转成本，确保了较好的种植收益。

二、购置机械研习技术，打造农场核心竞争力

农场种植面积扩大了，再依靠人力畜力耕种，既需要支付日益高昂的人工成本，又面临劳动力雇请难、管理难的问题，刘昌元一家对此心里明白、对策清楚，不惜血本购置了必要的农机装备。近年来，农场依靠家庭投入和财政项目补助，已购置大型联合收割机 2 台、拖拉机 3 台、微耕机 2 台、插秧机 3 台、潜水泵 1 台、汽油机 1 台、电动喷雾器 6 台、其他小型农业机械 12 台，价值近百万元。为提升农机操作维护水平，刘昌元还将儿子刘海送到农机部门培训，刘海现在已经成了农机操作和维修的行家里手。目前，农场自营水稻田的翻耕、插秧、灌溉、病虫害防治、收割等环节，全部实现了机械化作业，劳动生产效率大大提高，年均节约人工成本近 20 万元。

三、提供农业生产托管服务，降低支出增加收入

由于绝大多数青壮年长期外出务工，当地田地多数由老人耕种，一些位置偏远、地力偏差的甚至出现撂荒。许多农户联系刘昌元，愿意把土地租给他。考虑到这些地块不能成片，许多作业环节经常无法使用机械，刘昌元选择提供农业生产托管服务的方式与这部分农户合作：农场统一提供种子、肥料、农药，统一进行育秧、机耕、插秧、病虫害防治、收割，农户负责作物的日常管理。农作物收获后归农户所有，农场每亩收取 400～500 元的代耕代种费，另外还按协议获得国家水稻种植全程机械化服务补贴。2014—2017 年，农场服务面积曾达到 300亩，2018 年由于没有获得国家补贴，服务面积减少到 50 亩。通过提供农业生产托管服务，既增加了农场收入，又避免了因大量流转土地而必须提前支付的地租和生产资料、雇佣人工等费用支出。

四、重视科学种田，提升农作物产量和品质

由于种植规模较大，单产水平和作物品质的少许提高，都能为家庭农场带来显著收益，因此刘昌元远比周边小农户更重视学习农业科技。他和儿子积极参加农业农村部门组织的培训活动，并在农技部门指导下采用了几个方面的措施：一

是应用新品种。农场水稻种植全部选用品质优良、产量稳定的新品种，从前几年的"宜优2115""T优111"到2019年的"隆两优"，全部是当年的最新优质水稻品种。二是应用新技术。在育苗上科学地进行种子处理选育壮苗，在施肥上进行测土配方施肥，在水稻生长各阶段科学进行肥水管理，在病虫防治上选用生物农药和高效低毒农药。三是听取专家指导。农场经常请区农业农村部门和镇农业服务中心的技术人员，到农场进行生产技术的指导，不断提高水稻种植技术水平。

五、发展种养结合，提升单位面积的生产效益

农场从2018年开始试验"稻＋N"种植模式，在水稻田里养殖鱼鳅、鳝鱼、虾。由于地处山顶，土壤、空气质量好，形成独特的生态小环境，农场稻田养殖的鱼鳅、鳝鱼、虾品质好，深受消费者青睐，市场价格高，每千克可卖到60～100元。2018年刘昌元试着发展50亩稻田养鳅养鳝养虾，虽然水稻产量有所下降但品质提高，加工成米后价格可以卖到每千克10元。综合种植、养殖收入，每亩稻田能增收2 000多元，仅此一项全年增收10多万元。

六、开展稻谷加工，提高农产品附加值

昌元农场的稻谷品质优良，直接交售给当地粮食加工企业，销售价能够比一般农户高出0.2元/千克。但通过多年对市场行情的了解，刘昌元感到，自己家的稻谷品质好，产量也上了规模，如果自己搞加工，肯定受欢迎，卖上更好的价格。2018年农场购置了大米加工设备，自己直接加工，并通过各种方式出售。2018年共加工出售大米50 000多千克，均价6.4元/千克，扣除加工成本后，亩均收益比直接出售稻谷提高了30%以上。

七、农机对外服务，实现多渠道增收

农场海拔高度有500多米，生产季节比低海拔地区晚15天左右。刘昌元利用这个时间差和拥有大量农业机械的优势，为周边镇街和巴南邻近的渝北、南川等区县农户提供水稻插秧、耕田、收割等机械化服务。插秧价格每亩80元，

机耕每亩 150 元，收割每亩 200 元。2018 年，农场提供机耕服务面积 2 000 余亩，收割、插秧面积 300 多亩，增加收入 38 万多元。通过提供社会化服务，不仅为农场增加了收入，还为周边 300 多农户解决了水稻生产中面临的耕种收难题。

八、努力开阔视野，拓展农场发展空间

令刘昌元感到高兴的是，儿子刘海很喜欢农场的工作，感觉比当工人更自由，也愿意主动谋划农场的未来发展。在参加农业农村部门组织的青年农场主培训班时，刘海结识了许多乐意从事农业的同龄人，他们一起加入了由当地农委组织的青年农场主联盟，建立起微信群，在此平台上相互交流，共享客户信息、农业技术、农场管理和农产品营销模式等。

陕西榆林市榆阳区四娃圆梦家庭农场：

特色种植 轮作养地 托管服务

■ 导 读

　　四娃圆梦家庭农场恢复壮大本地传统"鱼河大米"种植，通过发展特色种植、加强基础设施建设、加大科技投入，实现了增产增效协同发展。这个案例表明，以种粮为主的家庭农场要想经营效益好，应当注意以下几个方面：**一是产品为本，培育特色提效益**。农场充分发挥地域资源优势，实现富硒大米种植与山羊土鸡养殖相结合的绿色循环发展，提升水稻种植经济效益；注重特色农产品分级，进行品牌营销，实现优质优价；发展稻米加工，延长产业链，增加农产品附加值。**二是科技先行，轮作养地增产出**。通过改造农机农具、选用选培优良品种、实施耕地轮作和秸秆还田、科学控水实现控虫控草、施用有机肥料、维修整治基础设施等手段，全面实现了机械耕种。**三是协同发展，托管服务促增收**。提供代加工、土地托管、农机服务等社会化服务，降低小农户的生产和交易成本，提高农产品商品化程度；积极组织开展人工影响天气地面作业，减少冰雹灾害发生，保证地区农作物稳产；示范引进新品种，开展集约化育苗，深化生产、销售信息协同，并帮扶贫困户开展标准化生产，订单式销售，共同增收致富。

■ 案例介绍

四娃圆梦家庭农场位于陕西省榆林市榆阳区鱼河镇鱼河村，由农场主常四娃创办于 2013 年，经营土地 1 100 亩，主要从事富硒水稻和玉米种植、稻米加工与销售及白绒山羊养殖。先后被评为榆林市示范家庭农场和陕西省示范家庭农场。鱼河镇地处榆溪河与无定河的交汇处，自明代中期起，便是陕北地区少有的水稻种植区。因昼夜温差大、日照充足，"鱼河大米"口感甘甜、黏度适中、晶莹剔透。20 世纪 90 年代后期，因为大规模岩盐矿的发现、外出打工便利且收益高等原因，榆阳本地种植的水稻越来越少，"鱼河大米"几近消失。2003 年，常四娃从流转 60 亩撂荒地起步，通过开展土地整治、施用有机肥料、实施水稻玉米轮作、发展绿色循环农业，2018 年农场种植富硒水稻 600 亩，年产约 360 吨；种植玉米 500 亩，年产约 400 吨；养殖白绒山羊近 300 只，纯收入达到 200 多万元。常四娃先后荣获"榆阳市优秀新型农业经营主体""农村改革十佳致富带头人""农村综合改革先进个人""陕西省人工影响天气地面作业人员"等荣誉。

四娃圆梦家庭农场秉承特色品质、规模增效、绿色循环、科技支撑、品牌引领的理念，大力发展生态农业，同时，积极带动周边小农户开展规范化种植，取得了显著成效。

一、特色种植，品质追求

2014 年，农场瞄准"富硒功能农业"，示范种植富硒水稻 100 亩，硒含量通过上海市农业科学院产品质量标准与检测技术研究所的检测认定。近年来，富硒水稻种植规模稳定在 600 亩左右，生产富硒大米约 30 万千克。同时，农场坚持只使用有机肥和农家肥，利用当地日照时间长、昼夜温差大的特点，晚上放水白天不放水，通过控水来控虫控草害，实现了不用药、不倒伏、深扎根。目前，农场先后取得了国家地理标志认证（授权使用）、无公害农产品认证、绿色农产品认证、有机认证和良好农业规范认证（GAP）。

二、规模增效，改造设备

农场从流转 60 亩撂荒地起步，到 2018 年底经营的土地面积达 1 100 亩，拥有 300 只左右的养殖量，土地产出率、劳动生产率、资源利用率均达到较高水平。农场年纯收入从 2009 年的 5 万元增长至 2018 的 200 多万元，增长 40 多倍。多年来，常四娃在持续对流转土地实施土地整理、对撂荒土地进行复垦的同时，积极与承包农户沟通，打破田坎界限，大范围平整土地，集中连片种植；利用测土配方改良土壤，坚持增施有机肥，提高土地地力；修建水利设施，铺设田间管道，恢复农田水利设施，改善生产条件；所有地块都修通了道路，方便大型机械和设备下田作业；申请安装了 200 千伏变压器 1 台，保障农田基本用电。通过对农田科学整治和农田基础设施的更新升级改造，农场主要依靠机械化作业，为后续发展奠定了坚实基础。与此同时，常四娃还在农机农艺结合上刻苦钻研，在购置新型实用农机具的同时，改造改良农机具，将压膜、播种、施肥和打药实现一体化运行，1 天可顶 100 个人工。2009 年之前收割 60 亩水稻需要 10 天时间，如今通过改良收割机，水稻收割"米不落地"进入到加工厂，600 亩水稻只需 5 天时间，极大节约了时间和人力成本，提高了生产效率和产出效益。

三、绿色循环，轮作养地

四娃圆梦家庭农场长期实施水稻玉米轮作，秸秆还田，深耕深松，有效实现了土壤地力的保护。同时，通过实施种养结合，发展循环农业，坚持绿色发展。农场把大米加工剔出的米糠、米渣和种植的玉米用来养鸡、养羊，不仅省去购买饲料的投入，而且肉质鲜嫩，市场需求旺盛。牲畜产生的粪肥又为水稻、玉米种植提供了充足的有机肥料。

四、科技支撑，提升价值

常四娃一直坚持良种良法配套，注重新品种的示范引进和推广。他与东北三省和宁夏的农业育种部门长期保持联系，先后从这些省份引进稻花香、长粒优、宁粳 43 等水稻新品种 36 个，平均亩产稻谷达到 600 千克，较原来每亩增产 150

千克左右。对试种 2 年以上的优良品种，将种子按照大米的市价销售给周边农户，2019 年仅供内蒙古和陕西延安的种子就达 2 万千克。同时，农场还积极开展稻米加工，延长产业链条，提升产品附加值。2015 年，农场投资 100 多万元购置稻谷加工设备，日加工能力 50 吨。2018 年，农场代加工水稻 518 万千克，稻壳、油糠作为服务费用，销售粗糠用于酿酒酿醋，细糠用于喂猪。全年稻壳、油糠总收入 150.7 万元，扣除 99.5 万元成本支出，实现纯利润 51.2 万元。

五、品牌引领，产品细化

四娃圆梦家庭农场以"绿色、生态、健康"为发展理念，着力打造榆阳富硒大米品牌，成功注册了"鱼河""常大叔""鱼家河""鱼家河大米"等商标，从散装、袋装到礼品精装共有 8 款产品，价格从每千克 6 元到 10 元、20 元和 36 元不等，满足了不同消费群体的差异化需求。为了进一步加大产品销售力度，农场开通"榆林市鱼河大米"微信公众号，加入榆林市农产品市场流通协会和榆林农产品网上交易中心，成为京东农村电商扶贫合作点，从"线下"走到了"线上"，积极参加各类展销，广泛宣传推介。

六、托管服务，产业扶贫

农场充分发挥社会化服务功能，为广大农民群众、农业经营主体提供服务。**一是助推小农户发展现代农业。**农场为周边农户提供农业生产托管服务，将加工、包装、销售等一并纳入服务行列。截至目前，托管富硒水稻面积达 1 000 多亩。通过全程托管服务，促使周边小农户每亩增加收入 700 元左右。农场还为周边水稻种植合作社、家庭农场代加工水稻，提供优良品种，传授技术，免费指导服务。**二是主动投身脱贫攻坚战。**农场以产业扶贫的方式带动贫困户 7 户，帮助贫困户解决生产、销售等问题。农场还积极探索"订单农业"模式，年收购周边小农户水稻 1 800 亩约 108 万千克，既解决了小农户的销路问题，又提高了小农户收入，每亩水稻增收 300～500 元。

吉林长春市九台区绿野家源家庭农场：

多元经营防风险 循环种养增效益

■ 导 读

  吉林省长春市九台区绿野家源家庭农场探索出了"多元经营、循环种养、品牌增效、渠道多元"的新路子，有效地抵御了自然、市场双重风险，提高了经济、生态多重效益。绿野家源家庭农场案例表明，家庭农场要想抵御风险、稳定收益、增加收入，工具箱中应当时刻备有如下工具：**一是多元化经营。**绿野家源家庭农场通过粮食种植、畜禽养殖、农副产品加工相结合，形成相互补充的产品格局，充分展现了"不把鸡蛋放在同一个篮子中"的朴素智慧，有效防范了单一作物一旦遭灾就损失全部的风险。**二是循环种养。**绿野家源家庭农场探索的"粮食种植—畜禽饲养—渔业养殖—粪肥还田"循环种养模式，既降低了成本、提高了经济效益，又实现了资源的循环利用，提升了生态效益。**三是品牌经营。**绿野家源家庭农场经过创新试验、持续比较、不断筛选等艰难实践，打造了"颜家农场"品牌，实现了价值提升。**四是拓展销售渠道。**家庭农场的销售渠道不能局限于传统的小贩收购或依附于龙头企业，而应通过拓展销售渠道以实现收益最大化。绿野家源家庭农场善用直营店和互联网平台，显著增加了农场的销售收入。

■ 案例介绍

绿野家源家庭农场位于吉林省长春市九台区纪家街道办事处尹家村，坐落在美丽的雾开河畔。农场注册于 2014 年，主要从事水稻、玉米、黄豆等粮食种植，肉鹅、鸡鸭等畜禽养殖，以及农产品加工与销售。

农场主颜停站，现年 38 岁，大学学历。2009 年，颜停站从长春职业技术学院毕业，怀着一腔热情返回农村，投入了农业事业。目前，农场共经营土地 860 亩，其中 785 亩用于粮食生产、75 亩开荒鱼塘用于渔业养殖。拥有各类农业机械和运输车辆 21 台，机械库房 1 000 平方米、仓储库房 800 平方米、办公楼 350 平方米；生产经营农副产品 60 余种，年产大米 15 万千克、杂粮 5 万千克、豆油 1 万千克、肉鹅 10 000 只、鸡 1 000 只、各种禽蛋 21 万枚、鱼 5 000 千克、猪 20 头。2018 年实现经营净收入 50 余万元。

多年来，绿野家源家庭农场逐步探索出了一条"种养结合、生态循环、品牌经营"的发展道路，取得了良好的经济效益和生态效益，被评为吉林省"省级示范家庭农场"。

一、多种经营，降低风险

颜停站生长在农村，多年的摸爬滚打让他意识到农业面临着自然和市场双重风险，必须通过多元化经营加以防范。因此，农场成立之初，他便将经营范围定位在水稻、玉米为主的农产品种植和肉鹅为主的畜禽养殖。2015 年，东北大部分地区遭受了几十年未遇的旱灾，绿野家源家庭农场的粮食种植遭受重创，玉米减产九成，仅此一项就损失 18 余万元。但"幸运"的是，当年农场肉鹅销售收入达到 20 余万元，有效地冲抵了粮食种植受灾产生的损失。这次事件更加坚定了颜停站通过多种经营以增强抗风险能力的决心，于是，他重新调整产业结构，以种植业为主，兼顾发展养殖业。2018 年，颜停站种植水稻 420 亩，黄豆 180 亩，玉米 150 余亩，高粱、马铃薯、胡萝卜等各类杂粮 30 余亩。养殖业则以肉鹅、鸭、鸡禽类和渔业为主，猪为辅。多元化的粮食和畜禽生产经营，使得绿野家源家庭农场的收入相对稳定，抵御风险的能力得到较大提升。

二、循环种养，提高效益

颜停站不仅热爱从事农业生产，而且对农业有着自己的思考。他坚持认为，通过种植和养殖相互结合，不仅能够充分利用农场资源实现经济效益最大化，而且能够显著提升生态效益。通过多方请教农业专家、实地考察学习先进经验，绿野家源家庭农场逐渐摸索出一套生态循环农业的发展模式。鸡、鸭、鹅、猪等畜禽产生的粪便，撒入鱼池作饲料，既肥鱼，也肥水；用鱼池的水灌田，减少化肥的投放量，提高农作物的品质、降低农业生产成本；玉米灌浆时营养最丰富，收割粉碎，掺入粮食加工后产生的稻糠、谷糠、高粱糠、豆粕等，就是最优质的养殖饲料，既提升质量，又降低成本。农场拥有 1.5 万平方米的水稻育苗大棚，以往育过苗后，要么拆除，要么闲置，如今也被科学利用起来育鹅。每年 3 月末至 5 月育苗；5—7 月育雏鹅，鹅度过 60 天育雏期，迁到露天散养；7 月初到 10 月末种植蔬菜，育雏期间积存下来的粪便肥沃了土地，不需要再施化肥，提升了蔬菜的质量。生态循环链条的搭建，降低了生产成本，改善了产品品质。

三、塑造品牌，提升价值

颜停站有一段难忘的经历，在他开荒种地的初期，他和妻子每天开着小货车跑市场，没有自己的品牌，也没有自己的包装袋，只能使用米厂的，价格低也不好卖。这段经历让他认识到，农场必须塑造自己的品牌，才能改变优质农产品不优价的窘境。2016 年 2 月，颜停站在工商部门注册了"颜家农场"商标，显著提升了农场产品的效益，相对于商标注册前，农场生产的"稻花香"大米和"超级香"大米（吉宏 6 号）的价格分别提高了 50% 和 30%。

四、拓展渠道，开拓市场

初期，绿野家源家庭农场的销售渠道十分单一，颜停站夫妇农闲时在长春市和九台区农贸市场租赁摊位进行销售以及通过朋友、超市代销。随着农场规模的逐步扩大和经营产品种类的逐渐增多，颜停站萌生了设置直营店进行销售的想法。2017年11月，颜停站在长春市星宇花园开设"颜家农场直营店"，专门出售绿野家源家庭农场生产的大米、豆油、鹅、鸡、蛋、时令蔬菜等60余种农副产品。与此同时，颜停站爱人下载安装了"快手""抖音"等直播软件，通过发布小视频、网络直播的途径推介农场产品，并且以邮寄少量的农产品试吃的方式获得消费者的信赖。如今，绿野家源家庭农场的产品销售已经拓展到了北京、上海、广州、深圳等地，并且积累了大量忠实客户。目前，直营店和网络销售的收入分别占绿野家源家庭农场收入的75%和25%。很多人都劝颜停站趁着市场好，赶紧扩大生产规模，但颜停站却始终不为所动，他一直致力于在现有规模基础上提升质量，决不盲目扩大生产规模。他认为，生产出来的每一种产品，都代表着一份责任，代表着绿野家源家庭农场对社会的一份郑重承诺。绿野家源家庭农场将坚定不移地走绿色环保的发展道路，让所有农业废料都得到充分利用，达到自身生态循环系统的完美。

江西都昌县金稻家庭农场：

坚守有机梦　只做健康米

■ 导　读

　　随着收入及生活水平的提高，消费者更加注重产品质量，由过去"吃得饱"向"吃得安全、吃得营养、吃得健康"快速转变。金稻家庭农场坚守有机梦，走出了一条绿色化、优质化、特色化、品牌化的水稻生产之路。这个案例表明，以种粮为主的家庭农场要想提升市场竞争力，在市场立足站稳，需要打好优质牌、走稳品牌路。**一是坚持绿色发展理念，只做健康农产品**。金稻家庭农场坚持绿色种植理念，休耕三年达到有机生产场地要求，生产的有机水稻，实现了优质优价，每千克大米价格提升6元左右，每亩净增利润1 500元左右。**二是以品质和信誉走稳品牌路**。农业的一大痛点是"有产品无销量、有市场无品牌"，农产品销售难制约农业增效。金稻家庭农场依托认证的有机水稻生产基地注册了"稻元火"商标，以品质和信誉赢得市场认可。与多家企业签订了购销合同，定位高端大米。**三是以市场为导向成为市场主体**。金稻家庭农场区别于传统小农户游离市场之外、盲目跟风种植的常见做法，主动进行市场调查，分析消费者的消费偏好变化，及时调整种植方向，顺应了市场对高端有机大米的需求，家庭农场经济效益得到显著提升。

■ 案例介绍

金稻家庭农场位于江西省九江市都昌县汪墩乡七星村，注册成立于 2013 年，是一家以稻谷种植和大米加工销售为主，以水产、畜禽养殖为辅的种养结合家庭农场。农场主刘庚元，曾经开过工厂、做过农资销售，2013 年，创立了金稻家庭农场，在他的悉心经营下，家庭农场的绿色发展之路不断得到夯实，2018 年总计销售有机稻谷和大米 120 余吨。刘庚元先后被评为县优秀种粮大户、市劳动模范，2018 年被县农业农村局聘请为农技特派员。

金稻家庭农场在唱响"生态鄱阳湖·绿色农产品"的绿色品牌发展之路上，摸索和总结了一套行之有效的措施。

一、精准定位，适度规模

金稻家庭农场创立后，坚持适度规模经营，当年流转村里农田 300 亩、水面 260 亩，从事稻谷种植和草鱼养殖，通过辛勤的付出、科学的管理，前三年取得了较好的经济效益。在农场按部就班经营的同时，农场主刘庚元沉下心来，用一个多月时间多方了解、调查和分析，积极响应"农业从增产导向转为提质导向"的高质量发展战略，最终确定走一条优质稻谷种植、精细加工和品牌大米销售为一体，质量安全为基础的绿色品牌发展之路。确定绿色发展道路后，农场主刘庚元反复琢磨是否需要扩大经营规模，尤其是水稻种植规模。经过认真考虑，决心不走粗放式农业种植之路，以家庭成员为主做精做细农业，走有机之路。区别于周边家庭农场大规模种植普通水稻，决定不再扩大经营规模，而是购买了 50 多万元的农业成套机械，以托管的方式为周边农户提供农田托管服务，带动周边农民一起做健康大米，增加水稻种植收入。

二、需求导向，精选品种

为提高大米品质的市场认可度，金稻家庭农场在稻谷品种的选择上，对江西省水稻主推的近 20 个品种进行了全面综合对比，对品种的适应性、产量、营养、口感和市场口碑等方面进行了重点分析，最终确定"鹅湖香稻"稻谷品种作为农场的主打品种，为农场优质高端大米原料的品质保证奠定了基础。2016年，农场种植了"鹅湖香稻"，加工后销售，市场反应非常好、消费者认可度高，上门采购、电话订购销售了部分大米，显现了良好的经济效益。

三、按标生产，安全供给

为保证稻谷质量安全可靠，金稻家庭农场在县农产品质量安全监管部门的具体指导下，量身制定了《都昌县金稻家庭农场绿色有机原料（水稻）标准化生产技术规程》，实行科学栽培管理，搞好田园清洁、土壤消毒，完善水利设施，健全排灌系统，规范了生产过程的农事活动，严格了化肥、农药等农业投入品的安全使用。尤其是病虫害防治坚持"预防为主，综合防治"原则，重点采用农业措施、物理措施和生态措施，通过促进农业生态系统的平衡和生物多样性减少病虫害。使用农药时，优先使用植物源生物低毒农药，确保了稻谷的质量安全，保障了大米产品原料的安全供给。

四、质量认证，做强品牌

金稻家庭农场于2016年启动了有机稻谷的申报认证，先后经历了有机种植计划的制定、两年的转换期、土壤培肥等重要环节，接受认证机构的检查。检查项目包括土地位置、土质、作物健康状态、杂草、病虫害的防治方法、灌溉系统和水源、农机设备和储存区域等。2018年有机认证正式得到批准（有机证书编号为164OP1800017）。为打造高端大米品牌，2016年农场还申请了"稻元火"大米商标并于2017年正式通过注册。两年来，农场的有机稻米借着"稻元火"商标赢下了一片市场，成了当地高端大米。

五、注重宣传，扩大影响

金稻家庭农场在深耕本地市场的同时，积极加强"稻元火"大米的对外展示和推介，不断提升农场对外形象和产品对外影响力，将金稻家庭农场打造成全县优质品牌大米的展示平台和窗口。先后参加了北京贫困地区农产品产销对接会、厦门绿色有机食品博览会、南昌绿博会、上海展销会、湖南（贫困地区专场）展销会等各类农展会。通过对农场产品的专场展示、宣传推介和业务洽谈等促销活动，有效提升了"稻元火"大米在全国市场的知名度、美誉度和影响力。

六、多元销售，力促增效

金稻家庭农场在起步时，也面临着"卖难"问题，销售方式单一，销售渠道非常有限，除了部分稻米直销消费者以外，其余的缺乏有效销售渠道，这一度成为家庭农场主刘庚元焦虑的事。虽然过去有过农资销售经验，但毕竟销售对象不一样，很多经验和客户很难用上，需要从头再来。近年来，金稻家庭农场积极拓展销售渠道，实行多元化销售策略。一是进粮店保销售，在九江地区及南昌市累计与 16 家粮油店开展合作销售；二是进商超扩销售，截至 2018 年底，"稻元火"大米已入驻联盛、派拉蒙、福得龙和都兴隆 4 家九江及本县大型商超；三是高端订制增销售，2017 年分别与广东东江环保、江西天行健实业和江西天佑药业 3 家公司签订了"稻元火"礼品装有机大米的稳定供货协议；四是厂家合作促销售，2018 年农场与全国知名的婴幼儿米粉生产商广州雅博生物公司签订了有机大米的试点供货协议。

七、引领示范，带动增收

随着销售渠道的开发和拓展，为保障销售渠道的稳定，金稻家庭农场在稳定自身种植规模的基础上，2017 年底还与周边农户签订了 300 亩稻谷合作种植协议，采取"一分四统"模式，即分开管理、统一品种、统一标准、统一农资和统一收购，通过合作适度扩大了种植规模，有效保障了持续稳定的供货，在增加效益的同时，还带动了周边种粮农户共同发展。

山西稷山县全胜家庭农场：

荒山秃岭建农场　产品插上互联网金翅膀

▋导　读

　　我国农业资源区域化特色鲜明，各个地方的情况都不一样，家庭农场需要根据当地自然资源特点进行规划因地制宜发展。本案例阐释了家庭农场如何从自身特征角度因地制宜闯出一条特色发展之路。**一是利用当地资源因地制宜选择种植品种。**全胜家庭农场借助农场被群山环绕、昼夜温差大、光照充足和附近有一座小型水库的特点，选择核桃树作为主要种植品种。**二是根据土壤特点因地制宜安排种植结构。**全胜家庭农场坐落在山顶之上，土地却包括少沙土、半沙土和沙石土三种土质，农场主通过不断学习和试种后发现不同土质、不同风口位置，适宜不同的核桃品种。为最大限度利用土地资源，他在少沙土上套种玉米，在半沙土上套种柴胡，使农场收入多元化，降低了经营风险。**三是借助互联网开展销售。**全胜家庭农场地处深山，交通不便，客户直接到农场采购产品难度大、价格低，再加上当前核桃产量并不是很大，农场选择电商模式销售核桃，除了在网上开店，还利用微信朋友圈进行销售，每年在春节之前就能销售一空。**四是健全管理的各项规章制度。**为了规范农场的生产和管理，农场探索出一套经营管理制度，加强了生产和管理的规范性。

■ 案例介绍

全胜家庭农场位于山西省运城市稷山县西社镇曹家庄村，创建于 2011 年，2015 年获运城市典型示范家庭农场称号，2018 年获山西省示范家庭农场荣誉称号。农场主乔全胜现年 55 岁，曾任稷山县十一届人大代表。乔全胜全家 6 口人，劳动力 3 人，农场总经营面积 126 亩，主要种植玉米、核桃、药材，养殖山羊等，是一个多元化经营的家庭农场。全胜家庭农场按照科学开发和可持续发展的理念，遵循标准化、产业化、商品化的现代农业发展思路，以调整农业产业结构为目的，积极探索荒山治理办法，进行土地规模化、集约化经营。全胜家庭农场创建 8 年来，坚持"绿色、生态、环保"的建场宗旨，秉承"真心、放心、安心"的经营理念，以科学管理为手段，以多元化经营为方向，探索"科学化、程序化、制度化"的管理模式，积极为广大消费者提供绿色、健康、安全的农产品。

一、实地考察选土地，荒山秃岭建农场

乔全胜坚持向荒山要效益，走访考察，最终将场址选在了吕梁山上的邻村曹家庄。乔全胜与曹家庄村"两委"班子协商，签订了 50 年承包合同，家庭农场迈开了艰难的第一步。农场所在的山头原来只有 60 亩弃耕土地，且杂草丛生、乱石铺地，一片荒芜。乔全胜带领家人分拣石头，把小块梯田逐步向四周延伸，经过多年努力逐步把农场土地面积扩展到了 126 亩。

二、科学合理搞规划，机械化作业拓宽致富路

为了把这片贫瘠的荒山变成一个新型的现代化农场，乔全胜聘请有关专家多次上山考察，多方论证，结合现有条件因地制宜把农场划分为柴胡基地、养羊基地和早熟核桃基地。因为核桃树对土地要求不高且可以稳定带来利润，故把早熟核桃作为主打品种，在专家的指导下，栽植 5 000 余株核桃树苗。面对无路、无渠、土地凹凸不平的状况，乔全胜决定"机械化开路"。他先后购买拖拉机、深

松犁、秸秆还田机、农用三轮车、打药机、割草机、整地铲车等多项机械设备，硬是在山上开出了一条机耕路，通过机械化作业，有效地提高了劳动效率，节约了劳动时间，降低了生产成本。通过与供电部门协商在农场附近架设了一台变压器，购置浇灌设备，修建蓄水池和1 000余米深沟提水管道，使浇地有了可靠保障。

三、积极探索种养结合，多元化经营衔接产业链

为了生产绿色有机农产品，全胜家庭农场采取五项措施提高土地肥力。一是土地深耕30厘米以上，打破犁底层，改善耕层理化性质；二是在秸秆还田的基础上增施有机肥，改善土壤结构，提高地力；三是分期配施羊粪增加土壤的营养含量，充分改善果实品质；四是实施测土配方施肥技术，减少不合理施肥造成的浪费和危害；五是合理使用土壤改良剂和抗旱保水技术，改善盐碱土壤环境，提高土壤蓄水保肥能力。由于核桃树从幼苗到挂果周期很长，每年化肥投入巨大但收效甚微，乔场长经过思考和外出考察学习，另辟蹊径走上了种养结合道路。全胜家庭农场利用山上的有利条件养羊，用羊粪养地，增加耕地有机质含量，维持核桃树的正常生长，既增加收入，又降低成本。2014年，乔全胜从山东引进波尔山羊120余只，经过几年摸索和多方请教，养殖规模发展到300多只。农场探索出来的"种养结合"模式，实现了循环发展，既肥沃了土地，又为所产核桃成为无公害绿色食品创造了先决条件。

四、建立健全规章制度，科学管理实现规范化

为了加强规范化管理，乔全胜家庭农场探索建立了系列家庭农场经营管理制度，包括岗位责任制度、标准化生产制度、财务管理制度、雇佣工管理制度、学习培训制度等，特别是制定了标准化生产操作规程。在种植方面，合理选择优质抗病高产品种，实行科学栽培管理；坚持科学、平衡施肥原则，推广使用有机肥和生物肥；推广农业防治、生态防治、物理防治技术；注重搞好田园清洁、土壤消毒；完善水利设施，健全排灌系统。在养殖方面，制定科学合理的免疫程序，切实做好动物强制性免疫工作；建立健全疫情报告、检疫申报、消毒清洁和无害

化处理等分类制度。在生产记录档案方面，按照农业标准化生产要求，建立了农业生产用地档案、农业投入品使用档案、田间生产管理档案、产品储运销售档案。建立养殖档案，全面记录品种、数量、标识、来源、繁育以及检疫、免疫、诊疗、监测、消毒、调运等情况。

五、开通网上直销店，产品销售插上金翅膀

2017年，农场核桃开始挂果，当年总产量达到了2 000千克。优质的核桃生产出来了，但农场地处深山，交通不便，客户直接到农场购买产品困难重重，如何把核桃销售出去成为难题。乔全胜在县政府农业部门组织的家庭农场主培训班上学习到了农产品电子商务知识，抱着试一试的心理，在"一亩田"上开通网上直销店，通过将核桃种类、特色、价格等信息在网店公开，快递发货给使用电脑网站或手机客户端在线预订的消费者，实现了"线上预订、线下配送"的经营模式。由于核桃皮薄个大质量好，市场反馈非常好，订单源源不断。2018年，农场通过网络销售核桃3 000千克，每千克平均价格16～20元，实现销售收入5万元。

通过多年经营，全胜家庭农场在三个方面取得明显效果。**一是家庭收入明显增加。**目前农场间作玉米120余亩，平均亩产约600千克，平均售价每千克约1.8元，平均亩产值约1 080元，平均亩纯收入700元，玉米年总产值约13万元，玉米年纯收入约8.4万元；农场养殖山羊300多只，通过繁殖，每年还可向社会提供商品羊100余只。每只按现在的市场价1 000元计算，年销售收入超过10万元。**二是劳动效率明显提高。**农场成立后，乔全胜专心从事农业，实现了劳动力与耕种面积的合理配置，农场机械化水平得到提高，综合生产能力明显增强。120亩核桃以及间作的玉米，平时只需1～2个人管理，只是到核桃采摘期，需要少量雇工，这也为当地一些闲散劳动力提供了就业机会。**三是生态环境明显改善。**农场通过打造循环农业模式，实现山坡草养羊，羊粪肥地，地再养树。在多年荒芜的吕梁山头，造就了一片绿洲，改善了当地生态环境。

广东珠海市斗门区禾菜园家庭农场：

向农业科技要效益　走产业融合发展之路

■ 导　读

　　禾菜园家庭农场通过不断引入现代农业科学技术、实行适度规模精细化管理、推动家庭农场一二三产融合发展，走出了一条经济发达地区"向农业科技要效益，抓产业融合促发展"的现代农业发展之路。这个案例表明，经济发达地区家庭农场要想经营效益好、有优势：**一是农业情怀要浓，鼓励喜欢的人做喜欢的事。**禾菜园家庭农场经历多次台风灾害和市场价格下跌，部分年份甚至"颗粒无收"，但是出于喜欢，坚持逆境求生。**二是经营规模要稳，追求适度规模实现最佳效益。**禾菜园家庭农场始终保持适度的经营规模，实现精细化管理，减少外聘用工，达到了节约成本、增产增效的目的。**三是农业科技要新，让农业插上科技的翅膀。**禾菜园家庭农场通过合作共建平台引入新技术，在农场试验示范农业新品种和"稻鸭共作"新技术，增产增收明显。**四是三产融合要深，向一二三产融业合发展要效益。**禾菜园家庭农场以农业生产为基础，融入农产品加工、农事体验、农业科普等元素，农场综合收益显著提升。

■ 案例介绍

禾菜园家庭农场位于广东省珠海市斗门区斗门镇大赤坎村，2015年5月在工商部门登记成立，是斗门区首批成立的家庭农场，并于2018年被评定为首批区级示范性家庭农场。农场创办人廖伟平，是珠海市农业技术推广科技示范户，曾获得2007年全国科普惠农兴村带头人、2011年珠海市农村党员科技示范户先进个人等多个荣誉称号。禾菜园家庭农场经营面积56亩，主要经营粮食、果蔬、农产品初加工及销售，总投资额50万元。禾菜园家庭农场注重创新管理模式，选择走精品化、品牌化路线，利用主体职业化、规模适度化、管理规范化、生产标准化、经营市场化的样板效应，带动周边农户的发展，促进农业增效、农民增收。2018年，农场生产稻谷2.5万千克、蔬菜6万千克，全年总收入30万元，利润12万多元。

一、家庭合理分工，走科学化管理道路

家庭成员共4人参与经营管理。农场主廖伟平是土生土长的斗门人，作为禾菜园家庭农场的"大脑"，承担起了农场管理和技术指导的工作。针对人手短缺问题，廖伟平通过明确每个人的角色功能，做到合理分工、人尽其才，从"一手包办"的管理模式转变为"明确分工"。平时他和妻子负责田里的农活；从事会计工作的女儿主要承担营销、市场、物流环节工作，如生产物资选购、比价等"专业对口"的工作；儿子从事销售工作，平时也兼职农场送货发货业务。通过合理化分工，家庭成员在农场经营中的角色从模糊逐渐趋向清晰，从过去的一手包办向细分、专业化的分工发展。

二、注重技术应用，发挥引领示范作用

禾菜园家庭农场与市、区、镇农业技术人员合作共建平台，农业新品种、农业物联网技术等一批农业新技术在家庭农场迅速"生根开花"。农场尝试"稻鸭共作"生态种植，运用稻菜轮作与秸秆还田等生态种养技术进行生产，集约化经营，提高了粮食产量。农场坚持优选优育，先后引进种植象牙香占、美香占、广

香丝苗、美雪丝苗等优质高产水稻新品种，专门开辟了水稻新品种的试验田，不断探索生产更优质的产品。农场设立了农田小气候监测点，对水稻进行实时监测，以便掌握第一手农作物生产数据。通过技术手段的探索，生产出品质更佳的农产品。禾菜园家庭农场通过种植创新，辐射带动周边农户种植晚稻总计达5 000多亩，亩产量达350千克，增产增收明显。禾菜园家庭农场还为同村及周边50余户农户提供产品销售渠道，使产品的价格比传统销售渠道高出20%，增加了农民收入，实现了家庭农场与周边农户的共赢。

三、购置农机装备，机械化助推效率倍增

禾菜园家庭农场围绕农业产前、产中和产后各环节购置农业机械设备，依托农机补贴政策，先后配备了抽水机、喷药机、真空包装机、旋耕机、大米色选机、半自动大米真空包装机、虫情测报灯、农田小气候测报站等设备，基本能满足农场机械化种植需要。在政府的扶持下，禾菜园引进一台稻谷低温烘干机，使用该机器1小时能完成1吨稻谷烘干任务，每天能完成40亩稻谷的烘干任务，大大减少晒谷的劳动成本，降低稻谷在阴雨天的发霉发芽风险，提高稻米的加工质量和品质。同时，农场对周边农户提供非营利烘干服务，一律只收取燃料与电费，产生了积极的社会效益。

四、保障产品质量，走农业绿色发展道路

农场始终坚守农产品质量安全底线，建立了严格的生产管理制度、农业投入品管理制度、田间档案管理制度、农场环境保护制度和示范性家庭农场农产品质量安全承诺五项制度。实施痕迹化管理，规范农场生产行为，如肥料、农药的入库出库，什么时间用在何处、用量多少，都有详细记录，让安全生产的过程有迹可循，责任也更加明确。因地制宜地采用适宜的生态种养技术和绿色防控技术，应用"稻鸭共作"、杀虫灯吸杀虫及其他绿色防控技术开展水稻种植。平时生产以使用有机肥料为主，尽量减少化肥的施用，减少农药的使用量，一季水稻只喷1～2次低毒农药，做到种地和养地结合。生产的稻鸭米软硬适中、饭味甘香，得到了消费者的高度认可，农场专门注册了"禾菜园"品牌稻米，获得了无公害

产地和无公害农产品认证。

五、拓宽销售渠道，提高销售收入

农场坚持线上、线下销售并举，到了收割季，接受消费者现场观摩、现场采购。同时，农场充分利用网络平台，积极与各供应商合作，实现订单式种植模式。农场在大赤坎基地建有农产品超市。此外，农场生产的农产品，如"稻鸭米""稻田鸭"通过农场直销、邮政局、"扫就购"、电商平台"GO珠海"等多种形式拓宽了销路。2018年共销售大米5 000多千克，实现一亩地产出50千克肉、500千克米，亩收近6 000元的预期目标。

六、推进一二三产业融合发展，打造产业融合示范基地

廖伟平对家庭农场进行了科学规划，设有水稻种植区、蔬菜种植区、果树种植区和农业科普体验区。在注重生产的同时，融入旅游休闲的元素，走多元化经营道路。还举办了亲子收割、科技下乡、农耕知识普及等多项活动。2018年开展了家庭乐、农家乐、农耕科普体验等，共接待学生30多批次。2019年春节期间利用冬闲田种植20亩格桑花及油菜花，接待游客近万人次。

甘肃敦煌市顺天家庭农场：

以市场为导向调整结构
以效益为核心调优规模

■ 导　读

　　顺天家庭农场的情况表明，从事现代农业，不仅要有务农热情，还要有经营管理能力和经济实力。具体来看，这个案例主要有以下三点启示：**一是创办家庭农场要有较强的农业经营管理能力和一定的经济实力。** 家庭农场经营规模一般较大，因而自然风险、市场风险和经营管理风险也被集中和放大。为了减少经营风险，获得发展优势，家庭农场主最好专注于自身有经验积累或者独特优势的领域。**二是家庭农场经营规模要坚持适度原则。** 规模超出适度规模，不仅会导致粗放经营、影响经营效率，还会造成各种风险过度集中，影响农场经营的稳定性。至于多大规模才是"适度"，需要家庭农场根据自身经营管理能力，考虑种植类型、养殖品种等因素，作出合理判断。**三是家庭农场主要量力而行、顺势而为。** 获得经营收益是家庭农场生存发展的基本前提。农场主发展家庭农场，既要立足地方实际和市场行情，考虑种植类型、养殖品种等，又要结合自身经营能力和特殊优势，追求稳定的经营收益。

■ 案例介绍

顺天家庭农场位于甘肃省敦煌市郭家堡镇前进村，2015 年 3 月登记注册，因对当地特色产业发展做出了较好贡献，且对周边小农户发展现代农业的带动示范作用明显，顺天家庭农场先后被评为"酒泉市示范家庭农场""甘肃省示范家庭农场"。

目前，顺天家庭农场主要由 50 岁的农场主白元河及其妻子、儿子、小女儿 4 人经营管理，并在农业生产季节雇工 2 人，每人月工资为 4 500 元左右。顺天家庭农场不仅从事种植、养殖，还向周边小农户提供农机服务、饲料和农资，并收购周边农户的农产品销售给合作企业。农场现有饲料加工设备、大型拖拉机、苜蓿收割机、撒肥机等农机具 6 台（套），养殖肉羊、肉驴 20 多头，经营土地 370 余亩，其中 360 亩为流入周边农户的土地，主要种植向日葵、苜蓿以及梨、桃、杏等特色林果。回顾顺天家庭农场创建过程，主要经历了四个发展阶段。

一、艰难起步阶段

1991 年，白元河和妻子自制豆芽在周边销售，历时六七年还上了之前带领 70 多个农民工赴青海西宁创业失败形成的几万元欠款。1999 年冬天，手头有些余款的白元河和妻子购进 2 000 只鸡苗，想通过规模化养殖发家致富。但是，由于不懂蛋鸡养殖技术，再加上养殖条件太差，没过多久鸡苗基本全病死、冻死，最终赔了近 2 万元。第二年，发现肉羊市场行情不错的白元河夫妻一边养羊，一边借钱买了一辆农用机动车干起了肉羊贩卖的生意。2003 年，有了经验的白元河夫妻在自家后院搭建了简易羊舍，开始在贩羊的同时从事肉羊育肥，然后又购买饲料加工设备并扩大玉米种植规模，不仅为自己家养殖或待育肥的肉羊提供饲料，还向周边养羊户提供自制的或知名品牌的饲料。至此，一个集农作物种植、肉羊养殖（育肥）和贩卖、饲料加工销售于一体的家庭农场初步形成。

二、迅速发展阶段

2013年之后，受国际市场冲击，再加上国内肉羊养殖量太大，肉羊价格大幅下滑。顺天家庭农场的年经营净收益从之前的60万~70万元降至不足20万元。富有创业精神的白元河又将家庭农场的经营重点从养殖转向了种植，并借助靠近酒泉这个全国制种中心的优势，于2014年先后试种茴香、洋葱、孜然、向日葵等品种，其中种植向日葵的效益相对较好。受到鼓舞的白元河在考察安徽、内蒙古的多家瓜子企业后，决定大规模种植向日葵，并在2015年以每亩450元的价格流转本镇土塔村五组耕地641.5亩。为了让流出农地的小农户吃上"定心丸"，白元河与土塔村村委会签订了10年的流转合同，并缴纳了每亩500元的风险保证金。另外，为了带动周边农户种植向日葵，农场还与周边小农户签订葵花籽订单收购协议，并邀请向日葵种植专家到田间地头进行技术指导，引导小农户采用农作物测土配方施肥、农作物病虫害绿色防控、看苗施肥看苗浇水等一系列环境友好型技术。

三、遭受挫折阶段

虽然顺天家庭农场2015年种植向日葵赚了一些钱，但是2016年遭遇了自然灾害，600多亩葵花籽基本绝收，再加上农户订单销售的葵花籽质量较差，收购企业压价收购，最终农场4个家庭劳动力不仅没有赚到钱，连每亩地投入的1500余元土地租金、种子、灌溉、雇工等成本都无法收回。一年下来，顺天家庭农场亏损90多万元。遭受打击的顺天家庭农场2017年大幅减少了向日葵种植面积，将500多亩土地改种苜蓿。然而，因灌溉方式不当，导致超过380亩的苜蓿烂根而死，给农场造成近80万元的损失。经历两年的亏损，农场主白元河意识到可能是因为农场土地规模过大，因此想要减少土地经营面积。由于白元河的亏损大家都看在眼里，再加上周边撂荒的土地越来越多，土地流转价格明显下滑。2017年底，经镇政府沟通协调，顺天家庭农场获得了土塔村村民的谅解，在支付300元/亩的违约金后，将土地流转面积减少至260亩，土地流转费用也下调至每年200元/亩。

四、积极转型阶段

因毗邻新疆哈密，气候比较适合种植林果，敦煌市近年来大力发展特色林果产业。考虑到产业发展潜力，结合自身情况，2019 年，顺天家庭农场开始尝试走"集种养加、产供销于一体"的多元化、综合式发展道路。一方面是做好家庭农场的种养殖业务。顺天家庭农场在种植 160 亩向日葵、100 亩苜蓿的基础上，又流转 110 亩土地种植梨、桃、杏等特色林果，并尝试从肉驴、肉羊育肥向幼仔繁育拓展。另一方面是为周边农户提供多种服务。顺天家庭农场利用自有农业机械和采购、销售渠道优势，积极为周边小农户提供农机作业、农资采购和农产品销售等服务。此外，顺天家庭农场还打算结合敦煌的旅游资源，探索发展田园观光、生态采摘等业务。

目前，家庭农场为周边小农户提供各类服务每年收入接近 20 万元。待苜蓿和特色梨、桃、杏进入收获期后，据农场主白元河估计，家庭农场年经营净收入可达 50 万元，其中土地经营净收入约为 30 万元。

新疆阿克苏市盛世桃源家庭农场：

探索多元种养结构 打造休闲"林果农场"

■ 导 读

　　林果种植类家庭农场面临着技术难度大、收益见效慢的经营压力。盛世桃源家庭农场坚持以市场为导向，以技术为支撑，通过优化种养结构，探索休闲农业发展方向，逐渐走出了一条多元种养、产业融合的发展之路。这个案例表明，以林果种植兼休闲体验为目标的家庭农场要想经营好，应当具备以下几个要素：**一是加强规划，提高种植效益。**果树一般3～5年后才能产生经济收益。要增加土地利用率，保证经济收益，必须事先做好规划。盛世桃源家庭农场在种植果树前几年套种小麦、油菜和草莓，每亩增加500多元收入，还可以起到土壤保墒、花季观赏作用。**二是积极探索，优化种养结构。**盛世桃源家庭农场在经营过程中，实行多元化林果种植，混合种植蟠桃、苹果、梨树、樱桃等，保障一年四季均可赏花采果，同时林下养殖了鸡、鹅、兔子等动物。**三是产业融合，打造休闲农场。**盛世桃源家庭农场利用城郊区位优势，以林果种植为依托，开发休闲农业项目，为游客提供观光采摘、餐饮加工、休闲体验等服务，实现一二三产业融合。

■ 案例介绍

盛世桃源家庭农场位于新疆阿克苏市（贫困县）托普鲁克乡七大队，距离阿克苏市城区 15 公里，驱车约 20 分钟。农场地处天山南麓、塔里木盆地北缘，地势平坦，一望无垠。阿克苏河流经于此，农业灌溉方便，周围均为农业林果区。2006 年，30 岁的谭蜀疆怀着浓厚的故乡情结，从沿海大城市公司辞职，回到家乡阿克苏市托普鲁克乡，承包 120 亩棉花地改种核桃树。创业道路上他经历了从刚开始的技术短缺、管理不善的经营失败，到不断学习摸索、尝试进行多元化果树种植，再到 2014 年实现扭亏为盈，家庭农场发展逐步走上正轨，2018 年收入约 30 万元。农场在不断优化种养结构的同时，积极打造休闲娱乐区，挖掘农业多种功能，形成"开心农场"格局，引来游客络绎不绝，经营效益日益提高。目前，家庭农场以种植为主、养殖为辅，经营面积 120 亩。农场主充分利用自然条件和区位优势，计划与周边 20 余家林果农场联合，组团打造面积近 3 000 亩的"家庭农场＋休闲旅游"农业观光园。盛世桃源家庭农场坚持以市场为导向，以技术为支撑，不断优化种养结构，探索多元休闲农业项目，逐步走出了一条种养循环、产业融合的发展之路。

一、求师学艺，掌握农业技术

谭蜀疆大学毕业后，一直从事广告行业的工作，对农业生产技术了解不多。创办盛世桃源家庭农场后，通过书籍和网络资源，自学果树栽培、嫁接改良、修剪枝叶等技术。遇到技术难题，四处求师学艺，虚心学习果树种植技术。此外，通过当地农业农村部门的支持，邀请科技人员和有经验的农民，来农场实地教学授艺。经过多年的摸索和实践，农场主掌握了核桃、樱桃、草莓等多种干果、水果种植技术。

二、不断优化，调整种植结构

为提高种植效益和土地利用效率，农场由最初单一种植核桃转变为行距间套种棉花，但经济收益仍然不高。经向农业技术部门咨询，农场主探索多元化果树种植，核桃树间不再种植经济效益不高的棉花，改为穿插种植适合休闲农业项目的枣、杏、苹果、葡萄等水果。

三、科学管理，提高果品质量

种植区的土地规划为条行地，条地长 270 米、宽 30 米，每条分成 6 大块，便于排水、浇灌、机耕等管理作业。农场间伐种植果树，按季节合理修枝疏果，保障果树通风透光；科学防菌防虫，禁喷高毒农药，采用杀虫灯、粘虫板等物理方式除虫；科学浇水和施肥，多施有机肥，适度施用化肥；及时采收，合理晾晒。通过生产各环节的科学管理，提高了农场果品的质量。

四、合理规划，改善园区建设

农场分为种植和休闲两大区域。100 亩种植区又分为核桃区、樱桃区、蟠桃区和蔬菜区。这样既丰富了农场果树的品种，提高了观光采摘价值，还能抗御单一水果种植的风险。在休闲区，春夏两季作为游客宽敞的休闲活动场地，秋季可作为核桃晾晒场，做到资源充分利用。为提档升级休闲项目，农场还不断更新和完善棋牌室、烧烤区等设施，增强游客接待能力。

五、搭建平台，拓展营销渠道

目前，盛世桃源家庭农场的收入中，只有 30％来自采摘、餐饮、娱乐等休闲项目，70％来自核桃、潘桃等干果水果销售。为解决农产品卖难问题，农场主充分利用互联网资源，每年投入资金进行网站宣传，通过电商平台把农场的核桃销往新疆内外。随着农场网站影响力的扩大，不但能够实现自售，还能销售周边农户的核桃。同时，农场主积极联系当地多家大型超市，对接超市，既省去中间营销环节，又拓宽了销售渠道。

六、股份合作，争取各方支持

果树种植投资大、风险高、见效慢，农场创办不到 5 年，亏损了 50 多万元。

为了解决资金难题，农场采用股权合作方式进行融资，既有外来资金和周边农户土地入股，也有联营形式，抱团取暖，增强了农场抗御风险的能力。

七、多元融合，打造休闲农业

农场以核桃种植为主，开辟樱桃、蟠桃、蔬菜种植区，种植区内套种草莓、油菜、葡萄、西瓜等，核桃树下开发林下经济，养殖鸡、鹅、羊、兔子等。春天赏花、夏季采摘、秋天卖果、冬天休闲，游客入园采用买票制，票价 10 元/人。客人入园后可以感受采摘乐趣，品尝各种新鲜水果，体验农耕文化。盛世桃源家庭农场以种植林为依托，建设农场休闲区，实现种植、养殖、观赏、食用、销售、娱乐为一体综合盈利模式，走出了一条新型致富之路。

湖南浏阳市孔蒲中家庭农场：

稻田综合种养质量高　生态循环模式效益好

■ 导　读

　　随着城乡居民消费结构不断升级，对农产品的需求已经从"有没有""够不够"转向"好不好""优不优"。孔蒲中家庭农场通过"稻田＋鳖"综合种养，利用生态循环共生模式，探索出了一条优质安全、绿色生态、效益优良的农业发展新路子。这个案例表明，稻田综合种养型家庭农场要想取得良好的经济效益，需要满足以下几个条件：**一是提高质量是根本。**孔蒲中家庭农场按照绿色食品生产标准制定了严格的质量管理制度和生产操作规程，将质量管理贯穿于生产各个环节。投入品上坚持化肥减控、有机为主的肥料施用原则，病虫害实施绿色防控。**二是降低成本是保证。**"水稻＋综合"种养模式实现了"一地两用"和"一水两用"，节约了土地和水资源。该模式能够改善地力和减少化肥农药的使用，降低成本。**三是扩大市场是关键。**孔蒲中家庭农场多管齐下扩大市场，特别是扩大中高端市场。通过订单稳住消费，通过口碑吸引消费，通过开拓扩大消费。只有市场扩大了，产品不愁销路，家庭农场才能在适度规模经营的基础上实现可持续发展。

■ 案例介绍

孔蒲中家庭农场位于湖南省浏阳市达浒镇金石村，成立于 2014 年，注册资金 60 万元，现经营土地面积 268 亩，主要从事"稻田＋鳖"的综合种养，兼营鱼、螺、蛙、鸡、蘑菇、水果等。该农场是省级示范性家庭农场，是湖南农业大学和湖南生物机电职业技术学院的产学研基地，是省级农业科技示范户和省级养殖业科技示范户。农场主孔蒲中通过 20 多年的摸索和学习，总结出了一套"稻田＋鳖"综合种养的生态循环模式，取得了良好的经济效益。2014 年农场"稻田＋鳖"综合种养 40 多亩。2017 年通过流转土地，规模达到 165 亩，净利润达到 55 万余元。2018 年进一步扩大规模，"稻田＋鳖"综合种养达到 200 多亩，净利润达到 71 万余元。近些年来，孔蒲中先后荣获"长沙市生态农业产业杰出领军人物""长沙市农业劳动模范""长沙市科普带头人"等荣誉称号。孔蒲中家庭农场坚持生态种养、循环共生模式，秉承质量优先、精细管理、诚信经营的理念，取得了良好的经济效益、生态效益和社会效益。

一、流转土地，适度规模

孔蒲中家庭农场经营的土地 268 亩，除去自己 5 亩承包地以外，其他全部通过流转而来，共涉及三个村民小组。孔蒲中通过耐心细致地工作，实现了流转土地连片经营，中间没有出现"插花地"。孔蒲中与每位土地流转农户都签订了正式流转合同，合同期限为 10 年，租金每年 500 元，一年一付。孔蒲中认为，由于资金约束和经营能力限制，家庭农场不能盲目扩大规模，不然经营风险会急剧增加。在未来一段时间，农场将维持这一适度规模。现在农场已滚动投入 180 多万元，主要依靠自有资金和每年的利润留存，购买了旋耕机、插秧机、收割机、烘干机、割草机、打土机等各类农机设备，不但为自己服务，也为别人提供农机服务。

二、合理分工，有效合作

家庭农场"麻雀虽小、五脏俱全"，既要从事农业生产，又要从事内部管理，还要从事外部经营，家庭成员必须要有分工。只有合理分工，有效合作，才能实现家庭和睦，只有家庭和睦了才能实现农场兴旺。农场5个劳动力，孔蒲中、妻子、儿子、儿媳和女儿。家庭成员之间有较为明确的分工，孔蒲中全面负责，妻子是出纳兼内务，儿子负责农机，儿媳记账兼会计，女儿负责销售，成员之间既明确分工又充分合作。家庭劳动力每月每人发3 000元"工资"，家庭成员的日常消费和农场的生产开支基本分开。

三、生态种养，循环共生

农场以"稻田＋鳖"为基础，再将鱼、泥鳅、黄鳝、青蛙、螺、鸡、蔬菜、果树等逐步投入，水稻、稻田底栖动物、陆栖动物、水生昆虫和植物等组成了一个循环生态系统。水稻将鳖和混养水生动物排泄的粪便作为生长发育的有机肥料，鳖吃"水稻害虫"福寿螺，淡水鱼吃稻花、枯叶、田间杂草，青蛙和鸡吃害虫，这种循环共生的生态系统还可以延伸和扩展。2018年下半年农场利用稻田秸秆发酵作为制作蘑菇的培养料，2019年占地3亩的10个蘑菇大棚销售收入达到10万元。

四、精选稻种，适宜养殖

水稻品种的选择要能适应混养稻田的特殊结构和水体环境。由于稻田中鱼、鳖的活动较为频繁，粪便的排放又使得土质较肥沃，同时鱼、鳖对药物的敏感性远远超过水稻，所以选购的稻种应该是生长期较长、茎秆坚硬、耐肥、抗倒伏、抗病虫害较强的品种。此外，又因为鳖沟、沙滩的修建导致稻田有效面积大大减小，为了弥补这一不足，选择的稻种要优质高产。农场现在种植的是湖南省水稻研究所培育的常规中熟中稻"农香32"和常规中熟晚籼"玉针香"。"农香32"和"玉针香"不但抗倒性和抗病性强，而且丰产性好、米质优、口感佳，深受消费者喜爱，具有广泛市场前景。这两个品种的稻谷市场价格比一般稻谷品种高出1.4～2元/千克，增收效益较为明显。

五、精细管理，保证质量

在水稻生产和鳖的饲养过程中，实施精细化管理，保证了稻米和水产品的质量。水稻生产按照绿色食品生产标准，用农家肥及生物肥料代替化学肥料。通过物理和生物的方法防治病虫害，最大限度降低稻米的农药残留量。鳖的饲料投放遵循定时、定位、定质、定量的"四定"原则，特别是在不同季节，利用不同配方喂养，让鳖能够长得快、长得好。

六、病虫草害，科学防治

对于病虫草害，农场坚持预防为主、综合防治的原则。推广绿色防控技术，优先采用农业防控、理化诱控、生态调控、生物防控。根据害虫趋光性特点，每15亩安装1盏黑光灯或频震式杀虫灯诱杀螟虫和稻纵卷叶螟成虫。农场采用"三军列阵"的绿色生态生物防护系统，水稻上的蜘蛛作为"空军"，水中的鱼类作为"海军"，陆地上的青蛙为"陆军"，有效消灭田间虫害。对于杂草农场优先采用生物生态防控和物理防控，冬春两季变田为"湖"抑制杂草生长，水稻收割后稻田养鸡，割草机清除田埂过盛的杂草。

七、稻米加工，收益增值

通过水稻＋综合种养模式生产出来的稻谷虽然品质优良，但如果直接向市场销售，增值收益也有限。优质稻"农香32"和"玉针香"的市场销售价格也只有每千克5元左右。农场将稻谷加工成大米，注册了"孔贤米"的商标，真空包装后市场价格达到每千克10元。农场通过稻谷加工，提升了稻谷的附加值，增值收益非常明显。

八、开拓市场，扩大销售

积极开拓市场、扩大产品销售，是家庭农场实现可持续发展的关键因素。孔蒲中的女儿主要负责开拓长沙市场，在长沙设有物流点，与高端餐饮企业"东沙台"建立了稳定的供销关系，农场每年60％的销售额来源于长沙市场。由于产品质量好、口碑佳，上门购买的客户也在不断增加。孔蒲中说，上门购买的客户看着现场捕捉的鳖和其他水产品，不但放心质量，而且参与感十足，客户体验很好。现在农场的产品根本不愁销路，鳖的价格每千克卖到 300 元。

孔蒲中家庭农场不但取得良好的经济效益，也取得很好的生态效益和社会效益。稻田综合种养模式有效减缓了农田温室气体的排放，改善了土壤理化性状，提升了土壤肥力。通过物理和生物的办法防止病虫害，显著减少农药和化肥的投放，减少了农业面源污染。多年来，孔蒲中无私授教，辐射带动周边地区农户发展稻田综合种养 100 余户。近四年来农场参观培训学习的学员已经超过 1 万人。

内蒙古兴安盟科尔沁右翼中旗白海林家庭农牧场：
农牧循环经营效益增　资源综合利用生态优

■ 导　读

　　白海林家庭农牧场采取"种饲草—养牛羊—粪还田"的循环经营模式，既提高了经济效益、又提升了生态效益，铸就了科右中旗绿色循环种养的金字招牌。这个案例表明，以牲畜养殖为主的家庭农场在实现高收益的同时提高生态水平，应当具备以下几个要素：**一是以养定种，提高收益。**白海林家庭农牧场以养殖为主要收益来源，根据养殖情况灵活调整土地经营面积和作物种植结构，解决养殖所需的饲料，显著降低养殖成本。**二是种养结合、循环经营。**白海林家庭农牧场遵循"以养定种、种养平衡、循环经营"理念，不仅实现了农作物秸秆和畜禽粪污资源化综合利用，对周边农户形成示范带动作用，降低了农户秸秆焚烧、畜禽粪便堆积造成的环境污染。**三是坚持自主学习，提升经营现代化水平。**家庭农场要想持续取得高收益，就必须充分利用现代科技。农场主白海林坚持不懈地自主学习和参加培训，这种自发的、持续的"干中学"为农场经营注入了持久动能。

案例介绍

白海林家庭农牧场位于内蒙古自治区兴安盟科尔沁右翼中旗（贫困县）巴彦呼舒镇嘎旦扎拉嘎嘎查。农场成立于 2016 年，是一家具有蒙古族特色的家庭农牧场，主要从事玉米生产和牛羊牲畜饲养。

家庭农场主白海林出生于 1972 年，生长于科尔沁草原，对草原和农牧业怀有深厚的感情。中专毕业后，白海林返乡从事农牧业生产。2008 年，白海林流转土地 800 余亩，从事玉米、大豆、绿豆等农作物生产，同时为周边农户提供农业社会化服务，当年实现经营收入 20 万余元。随着资金逐渐积累，白海林将经营重点转移到牲畜养殖，不断优化土地经营规模，通过换地、提供服务等方式逐步实现土地集中连片。

目前，白海林家庭农牧场共经营耕地 430 亩，其中自有耕地 80 亩、流转耕地 350 亩，存栏改良肉牛 120 头、羊 170 只，拥有标准化棚圈 4 000 平方米、饲料加工车间 400 平方米、青贮窖 5 000 立方米、贮草棚 1 200 平方米、防疫室 35 平方米，配备了联合收割机、拖拉机、打草机、粉碎机等农机设备。

白海林家庭农场秉承"以养定种、循环经营、节本增效"理念，采取"玉米种植—牛羊饲养—粪肥还田"的循环经营模式，实现了经营效益和生态效益双提升。2018 年，白海林家庭农场被评定为兴安盟盟级示范家庭农场。

一、以养定种，降低养殖成本，提高收益

白海林家庭农牧场收益以畜牧养殖为主，农业生产主要根据养殖情况确定种植规模和种植结构。根据白海林介绍，家庭农场拥有一等地、二等地和三等地面积分别是 160 亩、120 亩和 150 亩，按照市场价计算，每亩净收益分别为 331 元、321 元和 391 元，全部种植业净收入为 15 万元。因购买的饲料价格高、品质不稳定，同时自己拥有耕地并掌握玉米种植技术，白海林积极实施种养结合，以养定种，将养殖所需饲料的市场交易环节内部化。白海林流转的 350 亩耕地用于生产玉米和青贮饲料，所有生产的玉米和青贮都用于畜牧养殖所需的饲料。这种纵

向一体化的经营策略一方面减少了饲料市场交易环节，节省了交易成本；另一方面有效避免了玉米及饲料的市场价格风险，有效减少了养殖成本，最终增加了家庭收入。2018年，白海林总共出售羊120只、牛犊90头。羊和牛犊的销售价格分别为1 100元/只和7 000元/头，平均成本分别为120元/只和3 000元/头。在不考虑机器和基础设施折旧情况下，养殖净收入为47万余元。

二、种养结合，循环种养

白海林将自家生产的养殖粪便用于还田。初步计算，每年自家生产的养殖粪便能够节约复合肥100袋，相当于1万元。白海林通过学习自行对牲畜粪便进行精心加工，按照要求将其归置到一起堆放，按比例加入秸秆柴草，保证一定温度、湿度进行厌氧处理，经腐熟后制成有机肥，再重新施放到地里，大大增加了土壤肥力，同时又不污染环境。农牧场实现了种植、养殖、粪便综合利用全产业链循环，实现了产业发展与生态环保并举，经济效益与生态效益双丰收。

三、多元种养，降低风险

白海林家庭农场所在村的农户主要养殖羊或者肉牛，很少有人愿意养殖两种以上的牲畜。白海林认为，通过多元化种养，能够有效避免市场价格波动带来的损失。家庭农牧场成立之前，白海林流转了周边农户800亩地，种植玉米、高粱、绿豆、大豆、大麻籽等多种作物，同时为周边农户提供农业社会化服务。家庭农牧场成立后，随着养殖业逐渐扩大，他同时养殖羊和肉牛。多种种植作物和牲畜养殖，让他得以成功化解价格波动的风险。

四、强化学习，提升技能

白海林利用闲暇时间，多次到科右中旗、镇兽医部门系统学习相关种养殖技术，并通过订阅杂志等方式搜集种养信息。同时，他利用手机微信，加入多个种植和养殖微信群，通过与其他人进行交流、学习，不断提高技术本领和掌握市场信息。主要表现在三个方面。一是种植青贮专用品种，增加了青贮玉米的单产。二是引进西门塔尔优质肉牛进行品种改良，大大提高了肉牛的收益，科右中旗本地黄牛较为瘦小，原来是"五年三对头"，即一年半左右产一头牛犊，效益低下。为促进产品升级换代，白海林前往通辽舍伯吐镇购置优良品种西门塔尔牛，与当地兽医站联系，进行冷配接种，保证一年一个牛犊。三是强化防疫治病。防疫治病工作是畜牧业养殖的重中之重。白海林在养殖期间定期对牛羊进行健康检查，对异常的牛羊及时确诊和治疗，控制疫病的发生，保障牲畜健康。

五、灵活租地，集约经营

白海林耕地经营面积430亩，但是只有3块地，主要是通过换地进行调整，很好地解决了土地细碎化问题。白海林所在嘎查，主要包括三种地力等级的土地，但是每种类型的土地面积相差不大。白海林按照土地类型，将租入的远处的耕地和自家旁边农户的地进行互换，最后形成三块连片的大规模土地。另外，白海林善于灵活运用各种方式解决流转问题。如：为了收回农业机械的成本，白海林为周边农户提供机械化服务，如果农户没有资金偿还，白海林则和农户商谈，用流转土地的租金偿还机械服务费。

六、模范带头，帮扶贫困

白海林作为村支部书记，在自己致富的同时，不忘带动本村村民。一方面，白海林将试用效果好的新品种和新技术，主动介绍给周边农户；另一方面，白海林积极帮扶5个贫困户，并且优先雇佣村里的贫困户到自家的家庭农场工作。白海林还免费为村庄农户清理作物秸秆，将一部分作物秸秆作为养殖场的粗饲料，避免了因作物秸秆焚烧带来的环境污染问题。

江苏句容市如花家庭农场：

践行绿色发展理念 发展立体生态农业

■ 导 读

　　以发展生态农业为核心的家庭农场，不仅需要长时间的探索，还需要科学的发展路径。江苏省句容市茅山风景区如花家庭农场的发展历程就是一个典型案例。家庭农场发展生态农业，应具备以下几方面特征：**一是坚持生态循环的发展理念。**生态循环发展是家庭农场发展的一个重要方向，为提升农场可持续性水平，如花家庭农场将所在地的废弃采石宕口改造为多功能的"花园农场"，不仅拥有作物、牲畜、淡水鱼和果品等多种农产品，还充分利用土壤、水体等资源禀赋打造农业景观。**二是坚持循序渐进的发展路径。**农场的发展要根据自身的资源禀赋条件，合理确定发展计划。如花家庭农场坚持"挣多少钱、干多少事"的理念，主要依靠母子两名家庭成员，仅辅以少量季节性短期雇工，量力而行、稳步发展。**三是坚持多元化的产品组合。**农场应注重产品的多样性，提高市场竞争力水平。如花家庭农场坚持长短结合，发展多线产业，通过产品多元化、类型多样化，应对市场风险，确保收益稳定。**四是坚持品质为先的经营观念。**如花家庭农场始终坚守诚信经营，严格生产标准以保证产品质量，依靠产品品质取得了良好口碑和效益。

■ 案例介绍

句容市茅山风景区如花家庭农场位于镇江市最边远的马埂村,创办于 2009 年,农场总面积 150 亩,其中桃园 70 亩、樱花海棠花苗圃 50 亩、旱杂粮 20 亩、西瓜 5 亩、山泉水面 5 亩,在树林里放养的鸡、鸭、鹅等家禽总量 1 000 余只。农场主吴如花是一位单身母亲,带着一个残疾儿子,承包一座废弃的采石宕口,十年如一日坚持用有机方式,发展立体种养生态农业,用实际行动践行"绿水青山就是金山银山"的理念,实现了脱贫致富。农场先后被评为江苏省级、镇江市级示范家庭农场。2018 年家庭农场实现经营纯收入 13 万元。

一、改良土壤,培肥地力

家庭农场刚承包时的地块是一座废弃的采石宕口,因过度开采基本没有了土层,加上地面坑洼不平,很难种植庄稼。为此,农场"土法"上马,使用挖掘机、推土机起沟做埂,平整土地。大卡车从山下运土、推土机垫土,共垫了 100 余卡车的土。农场成立之初,主要种植小麦、旱杂粮、棉花等作物。由于是人工垫的土层,土壤贫瘠,肥力不足,种一亩亏一亩。于是农场决定休耕 3 年,又往宕口增垫了近 100 卡车的土,再往土里加施 10 多吨的鸡粪,增厚土层,培肥地力,使得荒芜的采石宕口逐渐变成了一片沃土。

二、因地制宜,规划产业

家庭农场根据宕口的地形地貌特点,坚持短中长规划相结合,在农场入口两侧分别种植海棠和樱花,增加农场景观的同时,也为农场培育了长期的产品;沿山体种植鲜桃,以马埂村土生土长的"野鸡红"为主,辅以油桃、水蜜桃,增加鲜桃的多样性,培育农场的中期产品和主力产品;在山体泉水口下面的水面低密度放养容易成活的鲫鱼,在树林和桃林里散养鸡、鸭、鹅等家禽,在宕山外的零散山地上种植旱杂粮和西瓜,鱼、家禽、西瓜、旱杂粮成了农场当年种养当年收益的短期产品。农场建立起比较科学的布局结构和长中短期相结合的产品结构，确保收益的多元化，也有效分散了风险。同时，农场的短中长三线产业还形成了区域生态循环系统，山泉水用来灌溉，果园和苗木林里放养家禽，旱杂粮用于喂养家禽，家禽粪便补充地力。

三、持续投入，生态发展

家庭农场根据自身产业特点和资金实力，制订了详细的资金使用计划，每年投入 5 万～10 万元，一步一个脚印，把有限的资金用在刀刃上，小步滚动发展。10 年来，农场共投入近 100 万元，主要以自有资金为主，其中 18 万元为政府项目补贴、20 万元为创业贷款，其余的为亲友借款。如今农场不仅把银行贷款和借债基本还清，还有了一定的积累。在发展过程中，农场坚持生态立农的理念，加强田间管理，始终坚持不使用农药、化肥和激素。在施肥上，每年的 12 月至来年的 1 月期间，每棵桃树施用 0.75 千克的菜籽饼及动物粪便；在桃树开花的季节，每棵桃树再追加 0.1 千克的生物菌肥，以满足桃子生长所需的营养。治虫方面喷施纯酿造的米醋，除草全部采用人工拔草，通过立稻草人、悬挂气球和竖光盘驱赶飞禽。对家禽的防疫则更是采用"土法"，在饲料中添加剁碎的韭菜和大蒜，以保证禽肉、禽蛋的口感和香味。自开展养殖以来，农场的家禽从未发生过疫情。精心呵护下的良好生态环境也回报出安全、优质、口感上乘的农产品。农场的"野鸡红"桃卖出了 60 元/千克的高价，比市场价高出了五六倍；生长一年的母鸡每枚售价从未低于 100 元，草鸡蛋每枚售价达到 1.8 元，"山地西瓜"价格比市场价高出 1～2 元/千克，实现了优质优价。

四、丰富产品，拓展销路

家庭农场坚持多措并举，不断拓展农产品销路。一是发展初加工。用农场种植的芝麻做出纯正的芝麻香油，用农场种植的山芋做成没有任何添加的手工粉丝，每逢春节提前宰杀一批鸡、鸭、鹅做成咸货，还把种植的黄豆磨成豆腐加工成速冻豆腐圆子。在市场营销方面，通过微店、论坛、手机农产品 APP 平台，实行"订单生产"，保证季季有产品出售。二是开展农家乐采摘活动。每逢桃子成熟季节，通过网络发出预告，吸引市民来农场现场采摘，并体验原汁原味的农家菜，以"小时候的味道"来提升农场的美誉度。三是寻求对接稳定的客户单位。农场与镇江九久老年康复中心结成了稳定的供需关系，有效解决了农场农副产品的销售问题。四是积极参加农产品进社区活动。农场连续五年参加市农业部门组织的"为民服务城乡直通车""地产优质农产品进社区年货大街"等活动，农场的母鸡、咸鹅、手工粉丝、豆腐圆子、玉米粉、泡菜等农产品成了活动中最受市民欢迎的农产品，活动期间农场每天的营业额都近万元。

五、严守质量，诚信经营

家庭农场坚持对生产经营费用及时详细记账，精心核算成本，把资金用在刀刃上。为提高产品的市场信誉度，农场把产品的生产过程通过手机进行"直播"，接受消费者监督。特别是，农场始终坚守道德底线，杜绝偷工减料、短斤少两，严格按照生产标准以保证产品质量。做手工粉丝，农场坚持过水不少于三道，只用山里清洁的泉水；快递桃子时，不用泡沫塑料包装盒以防二次污染，全部用纸质品加凉冻的矿泉水进行包装，延长运输过程中的保鲜期；当产品供不应求时，宁愿出现"空档期"，也决不会拿他人的产品滥竽充数。农场主因此被镇江市"原味生活"农产品销售平台列为"良心农"。